Karl Henckell

Trutznachtigall

Karl Henckell

Trutznachtigall

ISBN/EAN: 9783744641777

Hergestellt in Europa, USA, Kanada, Australien, Japan

Cover: Foto ©ninafisch / pixelio.de

Weitere Bücher finden Sie auf **www.hansebooks.com**

Trutznachtigall.

Von

Karl Henckell.

Stuttgart.

Verlag von J. H. W. Dietz.

1891.

Wem dies kleine Büchlein als Sonderwesen zu dürftig däucht, der betrachte es meinetwegen als Zuwachs zum vorjährigen „Diorama". Es ist beschränkter und subjektiver, hält ein bischen viel Marien=, Ideen= und Dichter=Kultus, aber was kann der Mensch für seine Schwachheiten?

Denjenigen Freunden meiner Dichtungsweise, welche den Wunsch hegen, unbeschadet der vorhandenen Entwickelungsbekenntnisse, eine Hauptstückausgabe meiner Poesien zu besitzen, theile ich mit, daß eine kritische Lese aus meinen Gedichtbänden, welche die angegriffenen Aepfel ausschält und die bemehlthauten abwischt, nur noch eine Frage der Zeit ist. Also: Kommt Zeit, kommt Auswahl.

Noch eins: „Amselrufe" und „Diorama" sind auf Grund des seligen Sozialistengesetzes für Deutschland verboten gewesen. Nunmehr sind auch sie natürlich für Jedermann im Reich ohne Skrupel zu kaufen, zu lesen, zu verleihen und vorzutragen erlaubt.

Lenzburg (Schweiz), Januar 1891.

Karl Henckell.

Nun es mag sein, daß unser Fuß spurlos im Sand der Zeit verweht,
Der Geist so thatenhungerig und lebensdürstend ganz vergeht;
Wir hoffen, all der Blüthenstaub fliegt fruchtend über Feld und Rain,
Doch fällt vielleicht der Samen nur auf Dornen und auf nackt Gestein..
Sei's drum! Stoß an! In unsrer Brust hat Alles einmal doch
gelebt,
Der Kampf ist schön, auch ohne Preis! Stoß an! Einmal war's
doch erstrebt!

Berlin, 7. März 1884.

Julius Hart.
(In mein Album.)

Der Kampf ist schön und schön der Preis; siehst du, wie er
herüberwinkt?
Wir haben nicht umsonst gekämpft; wir siegen, eh' die Sonne sinkt.
Wir sehen, all' der Blüthenstaub fliegt fruchtend über Flur und Rain,
Und rothe Rosen springen auf, und grünes Moos umschwillt den Stein.
Ja, unsre Spur im Feld der Zeit verkündet klar, was wir erstrebt,
Der Kampf ist schön, und schön der Preis. Stoß an! Die neue
Dichtung lebt.

Lenzburg (Schweiz), 7. März 1891.

Karl Henckell.

Crutznachtigall.

— ·:·— —

Mein Lied ist kurz, mein Lied ist knapp,
    Ich reite keinen Hundetrab.
Mit scharfen Sporen flott ans Ziel,
Das ist der neue Dichterstil.
Dicht athemlos, nur Schneid im Takt,
Das packt.

Das liebt der Menschheit tapfrer Geist,
Was vorwärts wogt, was vorwärts reißt.
Die Weltwehschwalbe klagt so müd,
Weltwonnenachtigall erglüht.
Schwillt Lebensliebe breit die Brust,
O Lust!

Wo zähes Elend Lust zerstört,
Schmettr' ich und schluchz' ich qualempört,
Wo feige Dummheit Freude knickt,
Flöt' ich mein Wehlied spottgespickt.
Der Schönheit rollt mein Klang zu Schutz
Und Trutz.

Wo Einer wund von Kampf und Pein,
Trostnachtigall, da tröste sein!
Frisch wie der Thau gen Morgen quillt,
O spende Balsam rein und mild!
Wirf Perlen in der Menschheit Schooß,
Schlag los!

Glühende Gipfel.

Maifestspiel.

Gestalten.

***

Der Arbeiter.
Der Dichter.
Der Sorgensatan (in schwarzem Trikot à la Phoites und Zylinder).
Die Freude.
Der Schmerz.
Gildemeister, Gruppenführer der Vergangenheit.
Ringkönig,   =   = Gegenwart.
Reigenführer,   =   = Zukunft.
Der Nabob (in Pumphosen).
Zwei Polizisten (in Gummischuhen).
Einzelne Vertreter der Gruppen (Deutscher Genosse u. s. w.).
Der Festspielherold.
Gruppen der Vergangenheit, Gegenwart und Zukunft.
Chor der Mädchen.

***

Zeit: Gegenwart. Ort: Schweiz.

Glühende Gipfel.
Maifestspiel.

Festspielherold (tritt auf).

Der Freiheit Funke, leis erglommen,
Hat sich zu stolzer Glut erhellt,
Tag unsrer Sehnsucht, sei willkommen,
Du Maientag der ganzen Welt!
Seht Ihr der Zukunft Bild entschleiert,
Die Saat erblühn, die wir gesät?
Genossen unsrer Arbeit, feiert
Des jungen Maien Majestät!
Spürt Ihr der Stunde Heil und Segen?
Rührt Euch das festliche Symbol?
Ein Sinnbild, daß wir uns bewegen,
Ist dieser Tag von Pol zu Pol.
Das ist ein Wachsen, ist ein Sprießen,
Wo solch ein Menschenfrühling thaut,
Der Dichtung Kelch will sich erschließen
Der Menschheit, die sich selbst vertraut.
Noch halten sie die Kunst umzingelt,
Die sie zur Dirne feil mißbraucht,
Um theure Logenränge ringelt
Die Lüge sich, ihr Giftmund raucht.
Bald aber wird die Stunde schlagen,
Da fällt der Dichtkunst Tyrannei,
Für Alle wird ihr Tempel ragen,
Die Bühne wird dem Volke frei.
Nicht wird den Edlen mehr empören
Der frech verschanzten Schönheit Geiz,
Und Alle werden, Alle hören
Der Wahrheit Ruf und Rhythmenreiz.
Doch heute, wo noch Kampf entscheidet,

Der Sieg sich schon den Unsern neigt,
Die Welt sich hold in Maien kleidet,
Und Jubellaut zum Aether steigt —
Heut soll ein schlichtes Spiel Euch künden
In breiten Zügen schön und wahr,
Wie sich aus Qual und Elendsgründen
Der Menschheit Maienglück gebar. (Ab.)

(Der Vorhang geht auf. Der Schauplatz stellt eine Waldlichtung dar mit Ausblick auf die sonnenbeschienenen und allmälig gegen den Schluß immer mehr erglühenden Alpengipfel. Baumstümpfe, Steinblöcke u. dgl.)

Der Arbeiter tritt auf, gleich nach ihm der Sorgensatan.

Arbeiter.
Hier war ich schon, kaum vor 'ner Stunde.
So rennt man zwecklos in der Runde,
Und wieder dem verdross'nen Lauf
Thut sich die gleiche Lichtung auf.
Daß ich doch gradwegs in die Tiefe
Des dunklen Todtendickichts liefe!

(Sieht sich um und erblickt den Sorgensatan.)

Weh mir! Auch hierher folgt sein Fuß,
Der Kreuz= und Quersturz schreckt ihn nicht,
Nimmt ab den Hut zu neuem Gruß
Und faltet scheußlich sein Gesicht.
Hinweg, Du Satan schwarzer Qual!
Hinweg aus diesem sanften Thal!

Sorgensatan.
Warum so lieblos, lieber Mann?
O wüßtest Du, was Gott nur weiß,
Wie solch ein Satan lieben kann,
Du bötest mir den Freundschaftspreis.

Arbeiter.
Er höhnt noch. Unverschämter Schuft,
Fort! Pack Dich! Bist mir Luft nur, Luft.

Sorgensatan.
Probir's und bild' es Dir nur ein!
Es wird ein optisch Kunststück sein.
Auf öffentlichem Grund und Boden

Genieß' ich gleiches Recht wie Du.
Das sind des Sorgensatans Moden.
Er theilt jetzt Deine Sonntagsruh'.
Auf diesen Stumpf will ich mich setzen,
An Deinem Stumpfsinn mich ergötzen
Und sorgen, wie Du nie vergißt,
Daß morgen wieder Montag ist.

(Hockt auf einen Baumstumpf.)

Arbeiter.

Ich wollt' ich hockt' im Irrenhause
Und hört' ein rasendes Gebrause
In meiner großen Zeh'!
Da plötzlich flammt es zaubrisch helle,
Roth lodert rings die finst're Zelle,
Ich tanze jauchzend, auf der Schwelle
Verkohlt mit mir mein Wahnsinnsweh.
Glücklich der Narr, der so verscheidet,
Im letzten Augenblick vergißt,
Was seine kranke Seele leidet,
Heißhungrig Todesgluthen frißt
Und mit fanatischem Geheule
Umarmt die üpp'ge Feuersäule!

Sorgensatan.

Was treibt man so phantastisch da
In abgebrannten Irrenklausen?
Dröhnt Dir der Räder dumpfes Sausen,
Loht Dir die Gluth nicht ewig nah?
Glückselig, wer als Maschinist
Heißhungrig Feuersflammen frißt!

Arbeiter.

O wuchert' ich wie jene Ranken
Und trüge süße, rothe Frucht!
Dürft' wie Gebüsch im Winde schwanken
Und wie die Tannen dort, die schlanken,
Mich wiegen in des Sturmes Wucht!
Wär' ich der Quell, der klingend schwillt,

Nicht Gottes traurig Ebenbild,
Mit wüthendem Gebelle wild
Gehetzt in Sorgennetz und -Schlucht
Von dieser Meute marternder Gedanken!

(Der Dichter tritt auf und sieht dem stumpfen Brüten des Arbeiters eine Weile zu.)

Sorgensatan.

Nun läuft mein himbeerrother Schweizer
Mir noch als wilder Waldbach fort.
Zum Pantheisten wird der Heizer
Und schafft beim Weltall in Akkord.

Dichter (zum Arbeiter).

Was fehlt Euch, Freund? Ihr stiert so todt
Wie Sir John Bull bei Table d'hôte.
Man möchte gleich zu Stein erstarren.

Arbeiter.

Herr, bitte! Habt mich nicht zum Narren!
Was scheer' ich Euch mit meiner Noth?
Wenn die Grimasse mir beliebt —

Dichter.

„Und Euch nicht paßt, der Weg ist frei",
Nicht wahr, so schickt Ihr mich vorbei
Und bleibt allein mit Eurem Sparren?

Sorgensatan.

Mir scheint, man ignorirt mich kurz.
Was ist das für ein frecher Schnurz?

Dichter (zum Arbeiter).

Zahlt Firma Trübsal hohen Lohn?
Und wieviel Stunden blast Ihr schon?

Arbeiter (zum Dichter).

Mein Herr, erklären Sie mir, bitte!
Ist heutzutage solch ein Ton
Denn zwischen fremden Leuten Sitte?

Sorgensatan.

Ei, ei! Da rempeln sie sich schon.
Daß Jeder Beul' um Beul' erlitte!

Dichter (zum Arbeiter).

Verzeiht! Was weiß denn ich von Hohn?
Ich mußte die Manier ermitteln,
Euch aus der Lähmung aufzurütteln.
(Weich.) Es thut mir weh, wenn Ihr's verzeiht,
Daß Ihr auch hier so elend seid.
Was ist's, das Euch das Herz verschnürt,
Den Geist in dumpfe Grüfte leitet
Und über Alles, was Ihr spürt,
Den Fittich der Verzweiflung spreitet?

Sorgensatan.

Die dumme Frage könnt' er laffen,
Wollt' er nur mich ins Auge faffen.
Natürlich Einer jener Lumpen,
Die Mitleid prahlerisch verpumpen.

Arbeiter (zum Dichter).

Sie werden wohl begreiflich finden,
Und meinen Sie es noch so gut,
Man pflegt nicht Jedem aufzubinden,
Was Einem wirklich wehe thut.
Schiert doch im Grunde Jeder nur
Sich um die eigene Frisur.

Dichter.

Und muß denn stets die Selbstsucht kirren?
So simpel liegt die Sache nicht.
Ich will Euch gern aus Euren Wirren
Behilflich sein zu Lust und Licht.

Arbeiter.

Wie könntet Ihr's, selbst wenn Ihr wollt?
Ihr redt — das Rad des Schicksals rollt.

Dichter.

Schon manchmal riß ein Wort die Axen
Mit einem kräft'gen Ruck herum.
Das mit dem Fatum sind nur Faxen,
Bequem und meistens herzlich dumm.

Man kann nebst andern Siebensachen
Das Schicksal auch zum Fetisch machen.

Arbeiter.

Ihr redet aus der Theorie,
Erfahren habt Ihr das wohl nie.
Euch scheint das Leben lieb zu haben,
Nun bildet Ihr Euch gar noch ein,
Der Schöpfer Eurer Schicksalsgaben,
Des Fatums freier Fürst zu sein.

Sorgensatan.

Der Kaffer könnte mich gebrauchen.
Möcht' ihn in Essigsäure tauchen!
Der lose Schlips, die Litanein —
Mir scheint es ein Poet zu sein.

Dichter (zum Arbeiter).

Ihr seid kein Dummkopf. Paßt mal auf:
Ihr sollt auch noch vernünftig werden.
Ich laß' Euch nicht so leichten Kauf —
Warum, warum die Gramgeberden?

Sorgensatan.

Der reine Untersuchungsrichter.
Ein müßiggängerisch Gelichter.

Arbeiter (zum Dichter).

Kennt Ihr das Elend, Herr? Ihr schweigt.
Wißt Ihr, wie Meister Jammer geigt,
Der Kammermusikus für Ohren,
Die mit dem Kettenring geboren?
Habt Ihr geschaut mit Euren Augen
Das Scheusal Noth am Liebsten saugen?
Sagt! sagt! dann will ich Rede stehn.

Dichter (bedeutungsvoll).

Ich hab' den Abgrund Eurer Noth gesehn.

Sorgensatan.

Das Muttersöhnchen schwindelt bloß,
Zur Noth 'nen Kellnerinnenschooß.

Arbeiter (zum Dichter).

Wer seid Ihr, Herr? man darf doch fragen?

Dichter.

Ein deutscher — Dichter, sozusagen.

Sorgensatan.

Da haben wir's. Sagt' ich's nicht gleich?
Ein Schwärmerblick wie Butter weich.
Der sollte mich doch respektiren
Als alten Musenfreund und Herrn,
Bis zum freiwilligen Krepiren
Quäl' ich die deutschen Dichter gern.

Arbeiter (spöttisch zum Dichter).

Ihr wolltet wohl ein Waldlied dichten
Und Eure Nothdurft just verrichten?
Ein Lied vom Vöglein in der Höh
Und Eurem tiefen Liebesweh?
Ein Lied vom Glück? So schafft Euch Luft
Und schwängert's recht mit Fichtenduft!
Ihr dürft Euch keinen Reim verkneifen.

Sorgensatan.

Hetz! Hetz! Jetzt soll's wohl anders pfeifen.
Die selbstgefälligen Verseslieder!

Dichter (zum Arbeiter wie oben).

Ich hab' den Abgrund Eurer Noth gesehn.

Sorgensatan.

Kommt nochmals mit der Phrase nieder.

Freude (hinter der Szene singend).

Trala la la la la.
Die Freude die ist da.
Wo steckt mein lieber Dichter nur?
Verschwunden tief im Moos die Spur.
Ei sieh, da ist er ja ...
Trala, trala!

Arbeiter (zum Dichter).

Sie sind ein sonderbarer Seher,
Doch weil Ihr Blick mir wohl gefällt,

So leir' ich wie ein Orgeldreher
Die Noth, die mir die Brust durchgellt.

Freude (wie oben).

Trala, trala! Du weite Welt!

(Die Freude kommt leichtschwebenden Schrittes mit einer dunkelrothen Rose im Haar und einem frischgepflückten Maiglöckchenstrauß in der Hand und geht auf den Dichter zu.)

Freude.

Maiglöckchen duften und läuten,
Sie läuten hell und fein:
Es sprießt in den Tiefen und Weiten,
Die Welt will blühen und mai'n.

(Sie sucht ein paar Blumen aus und steckt sie dem Dichter ins Knopfloch.)

Du mußt ja wohl die schönsten haben.

Dichter.

Ich danke schön. Dein Fund war gut.

Sorgensatan (sich ironisch verbeugend und den Hut lüftend, zur Freude).

Bitt' auch um derlei milde Gaben!

Freude (zurückschreckend).

Welch' greuliche Gespensterbrut
Zieht grinsend den Zylinderhut?
Der Tropf soll mir gewogen bleiben.

Sorgensatan.

Wie schön sie brüllt, die junge Kuh!

Arbeiter.

Der kann ein ehern Herz zerreiben,
Macht in Person für sich Reklame,
Der Sorgensatan ist sein Name.

Sorgensatan.

Kennt mich, scheint's, nicht, die saubre Dame.

Freude (lachend).

O Dichter, lieber Dichter Du,
Den Pinsel lassen wir in Ruh.

Dichter (zum Arbeiter).

Das Angstrohr wagt's, Euch zu bethören?
Wir müssen das Kameel beschwören.

Sorgensatan (zum Dichter).

Das Schimpfen habt Ihr gut gelernt.
Vom Künstler seid Ihr weit entfernt.
Handhabt Ihr keine feinern Waffen,
Steckt's lieber auf, mich fortzuschaffen!
Ihr kennt wohl keine Lebensart,
Daß Ihr die simpeln Formen spart?

Freude (zum Sorgensatan).

Man wird für Euer Chikaniren
Euch noch als Gentleman traktiren!
Hockt hinter'm Ofen, Schimmelprinz!
Dies ist der Freude Lustprovinz,
Das Gartenthal der heitern Jugend.

Sorgensatan.

Wieviel verlangt Sie, Jungfer Tugend?

Freude (zum Dichter).

Und dieser düstre Mann, sag an!
Wer ist's, daß man ihm helfen kann?

Dichter.

Ein Arbeiter. Und schließt sich zu.
Die Sorge läßt ihm keine Ruh.
(Zum Arbeiter.) Vertraut! Was hängt Euch im Genick?

Freude (ebenfalls).

Ja, klagt uns Euer Mißgeschick!

Arbeiter.

Mein Kreuz und Leid kurirt kein Paster,
Das ist ein haarzerraufend Stück.
Fehl' morgen ich in der Fabrik,
Flieg' ich mit Frau und Kind aufs Pflaster.

Sorgensatan.

Im Maien läßt's auch dort sich ruhn.
Zumal auf vaterländ'schem Pflaster.

2

Arbeiter (zum Sorgensatan).

Dein Witz schmeckt wie Kasernenknaster.

Sorgensatan.

Dein Pathos wie ein Poternaster.

Dichter (zum Arbeiter).

Und weshalb müßt Ihr morgen fehlen?

Freude.

Uns Beiden könnt Ihr's gern erzählen.

Arbeiter (aufgeregt).

O sagt mir, sagt, was soll ich thun?
Nicht länger will ich's Euch verhehlen.
Streik, bester Herr! Was mach' ich nun?
Das ist wohl klar, wir sind im Rechte,
Man muß ein Wurm sein, schweigt man still,
Doch wir sind eben gute Knechte
Und das sind Herren, wie Gott will.
Nun hängt der Streik. Das heißt, die Andern …
Mich kriegen sie ja nicht herum —
Könnt' ich als junger Bursch noch wandern!
Doch heute, eh! 's ist schaurig dumm.
Herr, Herr! Des Elends gift'ge Gabe!
Zum Sterben krank mein blonder Knabe,
Die Schwindsucht zehrt den Jungen auf.
Die Mutter geht dann auch mit drauf.

Sorgensatan.

Ein bischen Hühnerbrüh und Wein!

Freude (zum Sorgensatan).

Elender, trollt Euch querfeldein!
(Zum Arbeiter.) Ich darf Euch wohl zu Haus begleiten?

Arbeiter (nickt).

Heiß brennen sie von beiden Seiten
Ihr Pulver los — Schockschwerenoth!
Soll man für Tod und Teufel streiten?

Dichter (bedeutend).

Warum schoß Tell den Geßler todt?

Sorgenfatan (bei Seite).

Horch! horch! Schau! schau! Verschwörerminen!
Man kann dem Bundesanwalt dienen.
Für achtmaltausend Fränkli Sold
Ist ihm der Sorgenfatan hold.

Arbeiter (zum Dichter).

Seltsame Frag'! Um aus den Ketten
Des Vogts die Freiheit uns zu retten.

Dichter.

Für Freiheit Haupt und Weib und Kind —
Und Ihr wollt's Hungertuch nicht wagen?

Arbeiter.

O Gott, ich bin längst freiheitsblind,
Was soll der Tell in unsern Tagen?

Dichter.

Das soll er: Wo heut Herr und Knecht,
Soll sich sein geistig Standbild heben,
Im Kampf um Freiheit und um Recht,
Ein Sinnbild, uns vor Augen schweben.
Bist Du denn frei, gequälter Mann?
Du hörst vom Tell die schöne Sage
Mit kindlicher Begeist'rung an —
Geschichtlich schmeckt die Freiheitsfrage.
Was über tausend Jahre weit
Zurück liegt, kann Euch dunkel packen,
Doch vor dem Geßler Eurer Zeit
Beugt Ihr voll Stumpfsinn Euren Nacken.

Arbeiter.

Hab' mal dergleichen wo gelesen.
Im „Grütlianer" ist's gewesen.
Der Geßler sei das Kapital.

Dichter.

Ihr lest ja ganz gesunde Blätter,
Und doch solch' Schlafratz! Donnerwetter,
Das ist wahrhaftig ein Skandal.

Sorgenfatan.

Ein netter Dichter! Schimpft und schüt.
Solch Schreihals von der neuen Schule,
Dem mit Behagen eins gebührt,
Wo sich der Mensch auf seinem Stuhle
Stets am gesetztesten verspürt.
(Er macht die entsprechende Bewegung.)

Freude (zum Sorgenfatan).

Seid Ihr auch Zeitungsrezensent?
Daß aschenfahl der Neid Euch brennt?
Spritzt tausend Tintenfässer Galle!
Sein Lied rauscht auf, es lauscht die Halle.

Arbeiter (zum Dichter).

Es nutzt ja doch nichts. Null giebt Null.

Dichter.

Ihr sollt Euch schämen, so zu sprechen:
Dies faule Schlagwort — zum Erbrechen!
Es nutzt nichts — Säuglingseingelull!
So muß Euch erst ein Dichter künden
Die Wahrheit, die lebendig macht:
Geht, mit dem Geist Euch zu verbünden,
Der durch die morsche Mitwelt kracht!
Seid mir ein rechter Lohnarbeiter,
Daß Euch der Losungsruf nicht rührt:
Vereinigt Euch, Ihr Vorbereiter
Der Zukunftswelt, die Euch gebührt!
Mann, denkt zu handeln! Schwer Verschulden
Häuft Ihr auf Euer Haupt so schlecht,
Und müßt das Aeußerste Ihr dulden,
Kämpft Schritt für Schritt um Euer Recht!
Feig dem gewohnten Joch sich fügen,
Vorleuchen dem Gespann der Lügen,
Wo Wahrheit schreit, sich winden stumm,
Unsittlich heiß ich's, schlecht und dumm.
„Es nutzt nichts", Lüge träger Geister,
Vom Dämon der Gewalt gesät.

So wird der Knechtssinn immer dreister
In Schlummerkissen eingenäht.
Wer sich im Rechte weiß, soll wagen!
Das ist sein sittlichster Beruf,
Der Opfer schmerzlichstes ertragen,
Bis er dem Unrecht Schranken schuf.
Auf seinen Kampfplatz soll er treten,
Mit blanker Rüstung angethan,
Und beim Geschmetter der Trompeten
Bricht er für Ehr' und Ordnung Bahn.

Sorgensatan.

Nun staut des Wassers Schwall und Lauf
Sich noch turnierromantisch auf.
Ich ließe den pathet'schen Gecken
Mal trocken Brot und Wasser lecken.

Dichter.

Und mögen keine Zinken dröhnen,
Werft Ihr Euch männlich in die Wehr,
Und winken keine satten Schönen,
Aufjauchzend braust der Menschheit Meer.
Ja, seiner tiefsten Wonne Wogen
Umspielen segnend Euer Haupt,
Der Felsblock ist vom Grab geflogen,
Darin Ihr athmend jetzt verstaubt.

Arbeiter.

Ihr redet wohl und meint es gut.
Zu gräulich ward zerquetscht mein Muth.

Dichter.

Man hält Euch hin das Rettungsseil,
Ihr sollt's nur strecken mit den Andern,
Um sicher dann den Weg zum Heil
Der freien Menschlichkeit zu wandern.

Arbeiter.

Thatsächlich, Herr, mir fehlt die Kraft.

Dichter.

Ihr müßt einmal ins Wasser springen,
Das Schwimmen wird Euch schon gelingen,
Und bald schwimmt Ihr mit Leidenschaft.

Freude.

Der Athem geht Euch frisch und frei,
Seid Ihr mal ordentlich dabei.

Arbeiter.

Frei wie der Fisch im Wasser sein,
Ach wohl, das möchte mir gefallen.

Sorgensatan.

Kumpan von Molchen und von Quallen.

Dichter.

Es liegt an Euch, Euch zu befrei'n —
Hilf, Bruder, hilf! Du hilfst uns Allen.

Arbeiter.

Wie Weib und Kind noch unterstützen?
Das Spittel ist das End' vom Lied.

Dichter.

„Ihr sollt mir Weib und Kinder schützen!"
Wißt Ihr das Wort vom Winkelried?
Er schleudert' in der Junker Speere
Den freien bäuerlichen Leib —
Auf, rettet Ihr der Menschheit Ehre!
Die Brüder schützen Kind und Weib.
Ihr müßt Euch nicht verlassen wähnen,
Genossen walten fern und nah,
Und fängt der Hunger an zu gähnen,
Sind auch Reservebrocken da.

Sorgensatan.

Er ködert mit Reservekassen.
Sein Kunstverständniß macht mich stumm.
Man sollt' ihn konserviren lassen
Als Dichter für's Panoptikum.

Freude.

Die Zukunft wimpelt rosenroth.

Arbeiter.

Ach Gott, ich läge lieber todt!

Dichter.

Freund, laßt Euch einmal überzeugen!
Die Knechtschaft bracht' Euch schon so weit
Und könnt' Euch so entsetzlich beugen,
Daß Euch nur Widerstand befreit.
Hier dreht sich's nicht nur um die Stunde,
Die Ihr, gelingt der Streik, gewinnt,
Nicht um den halben Frank im Grunde,
Der dann zu Eurem Taglohn rinnt —
Zwar sollt' Ihr das nicht unterschätzen,
Vor Allem die verkürzte Zeit,
Ihr sollt Euch freuen und ergötzen
An dieser Erde Herrlichkeit . . . .
Ihr sollt Euch zehnmal besser nähren
Und Bücher lesen für den Geist.
Die Wahrheit senkt die vollen Ähren
Für Euch — glaubt's nur! — für Euch zumeist. —
Hier, lieber Freund, in diesem Falle
Bedenklich dringender Natur,
Wo Euch der Unterdrückung Kralle
Bis in den Kern des Lebens fuhr;
Wo Ihr verlassen und verloren
Der düstersten Verzweiflung fröhnt,
Das Lied: O wär' ich nie geboren!
Aus tiefster Seele schreit und stöhnt —
Indessen rings der Erde Fülle
In sonniger Beleuchtung lacht,
Euch aber deckt mit schwarzer Hülle
Der widrigsten Entbehrung Nacht —
Erschüttern soll Euch da die Schande,
Und blitzen soll Euch scharf und klar
Das erste Recht dem ersten Stande,

Mit dem die Mutter Euch gebar:
Zertreten sollt Ihr Euch nicht lassen,
Sollt Euch nicht länger schinden la'n,
Daß ein paar Hundert rasend praffen
Und Millionen peitscht ein Wahn . . .
Die Arbeit hebt der Erde Segen,
Ihr seid die Meister dieser Welt,
Wenn Eure Hände sich nicht regen,
Schmilzt wie ein Schneemann Gut und Geld.
Versteht Ihr mich? In dunkler Grube
Gebiert sich Reichthum, Glanz und Macht,
Nur Ihr bleibt stets der dürft'ge Bube,
Ein Lump in all der Lebenspracht.

Sorgensatan.

Die Suada deckt der Sache Blößen;
Ein Rollmops von Posaunenstößen!
Die Dichter lieben's so, die schwachen,
In Versen sich was weis zu machen.
Dann schenken sie's den Tölpeln ein
Und taufen ihren Schnaps noch Wein.
Von Relativität des Glücks
Weiß so ein biedrer Barde nix.
Und Jeder mißt sein Glück am Andern
Und läßt die liebe Sehnsucht wandern
Nach seines Nachbars Huhn im Topf;
Der Nachbar wieder kratzt den Kopf
Und äße trocknes Rindfleisch gern,
Blieb ihm das Zipperlein nur fern.
Das spekulirt mit Illusionen,
Als wären Wünsche grüne Bohnen.

Dichter (fortfahrend).

Auch so ein Pessimist von gestern —
Und seht, dann träumt Ihr nicht allein,
Um werthlos Euer Loos zu lästern,
Dann zieht Ihr aus, ein Mensch zu sein.
Ihr tretet stramm in Reih und Glied,

Der Vorwärtsmarsch giebt Appetit,
Ihr werdet Luft am Leben finden
Und Euren Jammer überwinden.
Selbst wenn der Streik ins Waffer fällt,
Habt Ihr Euch nicht umsonst gestellt.
Mit den Genoffen eng verbunden
Durch Rath und That zu gleichem Ziel,
Habt Ihr den schönsten Halt gefunden
Und zieht die Politik in's Spiel!
Dann könnt Ihr ein Parteimann werden
Und wählt den Mann, der Euch begreift,
Die ganze Welt hört die Beschwerden,
Darunter Ihr hier ächzend schweift . . . .
Ihr merkt, Millionen Brüder leiden
Noch weit entsetzlicher als Ihr,
Bald wurzelt in den Eingeweiden
Des Mitleids edle Kampfbegier.
Ihr helft den Staat im Staate bilden,
Bis Eure Sehnsucht Fleisch gewinnt
Und auf befreiten Volksgefilden
Der Tag der Fröhlichkeit beginnt.
Denkt nur: Ihr bleibt den Herrn empfohlen,
Thut, was sie wollen, bis auf's Letzt,
Auf einmal sperrt ein Streik die Kohlen,
Und Ihr seid an die Luft gesetzt.

Sorgenfatan.

Der kriegt's bezahlt. So agitirt
Ein Dichter nur, der gut geschmiert.

Arbeiter.

Vielleicht — nur ich — und wer kann wiffen . . . .?

Dichter.

Die Wiffenschaft beweist es klar,
Was ich Euch sage, das ist wahr.

Sorgenfatan.

Gleich hat der Stockfisch angebiffen.

Freude.

Wie schnell pfeift schon der Tod heran!
Man will doch was vom Leben haben.
Nur recht begehrlich, lieber Mann!
Die Welt steckt voller Honigwaben.

Sorgensatan.

Pfui Herrgott! Dieser Teig von Trug.
Ein schöner Honig! Schleim genug.

Freude.

Laßt Euch vom Dichterwort nur rühren
Und endet Euren stumpfen Gram!
Der Dichter kennt des Herzens Thüren,
Er spricht nur, was von Herzen kam.

Arbeiter.

Seid Ihr des Herren Dichters Braut,
Daß Ihr so zärtlich nach ihm schaut?

Freude.

Wir lieben uns von Herzen, ja!
Ich bin die Freude.

Sorgensatan.
Hahaha!
Ich könnte keinen Dichter lieben.
Die Schwärmer setzt die Muse matt.
Von idealen Dichtertrieben
Wird doch kein — Freudenmädchen satt.

Freude (zum Sorgensatan).

Der Geizhals, der sein Geld verscharrt,
Euch geil ins grüne Auge starrt.
Mit dem Gespenstertroß der Nächte
Treibt Ihr's, dem gräulichen Geschlechte.

Arbeiter (zur Freude schmerzlich).

Ich hab in meinem ganzen Leben
Euch nie gesehn. Ihr seid so schön.

Freude.

Süß Eure Brust werd' ich durchbeben,
Ihr müßt nur mit dem Dichter gehn.
Ihm ward verliehen, Welt und Zeiten
Im Schönheitsspiegel klar zu schaun,
Fernleise hört er nähergleiten
Den Zukunftsquell im Morgengraun.
Was tief verborgen braust und wallt,
Er leiht ihm ahnungsvoll Gestalt.
In seines Geistes Silberwerken
Stolz wird und zart ein Schiff gefügt,
Der Wahrheit Flotte zu verstärken,
Bis die gewaltige Schönheit siegt.

Arbeiter.

Und dieser Schönheit schlichter Sinn?

Freude.

Daß ich die See der Menschheit bin.
Heiß kämpft von Zone sie zu Zone
Mit wundervoller Leidenschaft,
Daß sie die duft'ge Strahlenkrone
Vom Haupte der Natur errafft.
Treu folgt der Freude Rosenfahne
Der Menschheit Riesenkarawane.

Sorgensatan.

Wohin der Größenwahn sie treibt!
Welch dunstgespiegelt Fruchtgestäude!
Des Menschen wahrste Freude bleibt
Am Ende doch die Schadenfreude.

Dichter (zum Arbeiter).

So kämpft in der Genossen Kreis!
Wenn Ihr's versäumt, Ihr seid verloren.

Arbeiter.

Wie Sehnsucht singt's vor meinen Ohren.
Leis lockert sich's wie schmelzend Eis.
(Mit vergeblich niedergekämpfter, wachsender Bewegung.)
Seht, mich hat's Leben roh zerdrückt

Wie Buben eine müde Biene,
Kein Licht hat meinen Geist beglückt,
Ich bin ein elend Stück Maschine.
Mein Kopf, mein Mark und all mein Muth
Ward von der Räder wilder Wuth
Mit Hohngerassel und =Gegelle
Hinabgeschleudert in die Fluth
Der unterirdischen Gerölle.
O teuflisch seelenloser Traum!
Daß ich ein Mensch sei, ahnt' ich kaum.
Ein Kolben, Hebel, ein Gewicht,
Ein Rad mit menschlichem Gesicht,
Von Kohlendampf und =Ruß umraucht,
Vom Feuergötzen angepfaucht,
Der Sonne fern, der milden Helle,
Grausam der ätherblauen Welle
Gestohlen von dem Herrn der Hölle!

Freude.
Schon röthet sich der Zeiten Saum.
Ihr werdet Mensch und pflückt im Licht
Die zarte Frucht vom Lebensbaum,
Die jetzt kein Edler schuldlos bricht.
An mir sollt Ihr Gefallen finden . . . .
Will Eurem ärmsten Kleinen gleich
Ein schönes Frühlingskränzlein winden,
An Veilchen, Duft und Blüthen reich.

Sorgensatan (zur Freude).
Darf ich Euch helfen Blumen raufen?
Nachtschatten, Schierling, Stacheldorn?

Freude.
Sumpfranken für den Hexenhaufen?
Empfehl' mich sehr. (Huscht in den Wald. Ab.)

Sorgensatan (seufzend).
Teuf, prickt mich's vorn!
(Schnuppert hinter der Freude her. Ab.)

(Hinter der Szene wird ein anscheinend von mehreren Gruppen ausgehendes er-
regtes Stimmengewirr laut, das näher und näher kommt.)

Dichter (zum Arbeiter).

Hört Ihr das Streitgewirr der Stimmen
Durchs Buchenholz herüberschwimmen?
Wie gut man unterscheiden kann
Drei Gruppen, die sich hell ergrimmen!

Arbeiter.

Gleich müssen sie den Hang erklimmen.

Dichter.

Schau'n wir uns die Gesellschaft an!

(Sie treten ein wenig zur Seite.)

(Gilde der Vergangenheit [Kleinhandwerker, Innungsbonzen u. s. w.].
Ring der Gegenwart [Fabrikanten, Kapitalisten, Fabrikbeamte u. s. w.].
Reigen der Zukunft [Organisirte Arbeiterschaft]. Gildemeister, Ringkönig, Reigenführer, jeder an der Spitze seiner Gruppe. Der Gildemeister trägt ein Innungszeichen, der Ringkönig ein hohes Ventil, aus
welchem Dampf strömt, und einen Geldsack, der Reigenführer der Zukunft
eine elektrische Strahlenkrone*) voran.)

(Die Gilde der Vergangenheit wird gleich ziemlich gequetscht und in die Ecke ge-
drückt, Ring und Reigen drängen heftig und schnell vor.)

Gildemeister (polternd).

Die Welt hat den Respekt verloren,
Man drückt uns in den Hintergrund,
Als wären wir zu spät geboren
Und geistig nicht mehr ganz gesund.
Wir dürfen eben noch hantiren
Für ein erbärmlich Wegezehr,
Doch mit Erfolg zu konkurriren,
Daran ist nicht zu denken mehr.
Einst fand das Handwerk gold'nen Boden,
Wohlhäbig reckte sich sein First;
Den sichren Eckstein auszuroden
Begann die Zeit; der Boden birst.
Seit der Maschinen Qualmgesindel
Den Werth solider Arbeit raubt.

---

*) Vermittelst eines kleinen Motors leicht zu arrangiren.

Ist nur dem kapitalsten Schwindel
Ein gründlicher Gewinn erlaubt.
Das Handwerk muß sich wieder heben,
(Beifälliges Gruppengemurmel: „Das Handwerk, das Handwerk".)
Sonst lohnt es sich nicht mehr zu leben.

Reigenführer (zum Gildemeister).

Das Theil dürft Ihr vom Teller lecken,
Das König Geldsack liegen läßt.
Wie saftig muß die Schwarte schmecken
An solchen Schweinskopfs Tellerrest!

Gildemeister (zum Reigenführer).

Mögt Ihr an Eurem Hohn verrecken!
(zeigt auf den Ring).
Da lieber doch mit denen noch.
Euch sollte man ins Zuchthaus stecken,
Mordbrennern in das gleiche Loch!

Reigenführer (zum Gildemeister).

Ein gildemeisterlich Gelüst,
Daß man aus letzter Herzenswahl
Noch seinen werthen Henker küßt
Im Augenblick der Todesqual.
Hockt sich's so weich auf dem Gerüst
Der Guillotine Kapital?

Gildemeister.

Ein würdevoller Untergang
Macht keinem braven Bürger bang.
Die Rotte fauler Rädelsführer
Verachtet, wer auf Leumund hält.

Reigenführer.

Laßt Euch vom Ringe nur zerquetschen!
Wir schütteln noch zusammen Zwetschen.

Ringkönig (auf Dichter und Arbeiter weisend).

Was sind denn das für Spionirer?
Aha, der Vogel Verseschmierer!
Den trifft man auch in aller Welt.

Dichter.

Man muß sich umseh'n hier und dort,
Ein Dichter lernt an jedem Ort.
Ein Vogel bin ich, fliege frei,
Schreibe mit Tinte, Blut und Blei.

Ein Genosse (aus dem Zukunftsreigen zum Arbeiter).

Wahrhaftig! seit dem frühen Morgen
Wirst du gesucht die Kreuz und Quer.
Da hält man sich im Busch verborgen,
Den Kopf von blöden Grillen schwer.
Sag, haft Du endlich Dich entschlossen,
Genoß zu heißen den Genossen?

Arbeiter.

Jetzt laßt mich meiner Wege gehn.
Ihr werdet's morgen früh ja sehn.

Ringkönig (zum Arbeiter).

Wir warnen Euch in aller Güte,
Daß die Vernunft Euch wohl behüte,
Und Ihr Euch nicht ins Unglück stürzt!
Das Stündchen Mehrarbeit ist nöthig,
Zum Lohnaufschlag wird man erbötig,
Doch keinesfalls wird abgekürzt.

Reigenführer (zu den Genossen).

Da habt Ihr's. Starr und steif und fest.
Nur immer tüchtig ausgepreßt!

Gildemeister.

Verdienen mehr als selbst wir Meister.
Ihr grauenhafter Uebermuth
Macht sie von Tag zu Tage dreister.
Paßt auf! Das setzt noch Ströme Blut.

Reigenführer (zum Gildemeister).

Ihr seid doch die gebor'nen Spießer.
Wie dick mißt Eure Gänsehaut?
Vor Angst sieht Meister Kannegießer

Die Rosen schon mit Blut bethaut.
Vor Bier und Klatsch und Kartenspielen
Vertrödelt Ihr ein wichtig Heut.
Was wißt Ihr von der Menschheit Zielen,
Wenn Ihr ein Buch wie Feuer scheut?

Gildemeister.

Die Zeitung können wir wohl lesen.
In Böhmen nichts wie Mord und Brand.
Es ist genau das gleiche Wesen.
Nutzt Alles nichts. Ihr seid erkannt.

Reigenführer.

Rauh sträubt die Noth den Eisenbesen.

Dichter (zum Gildemeister).

Dort lenkt ihn keine kluge Hand.
Lernt Euer Land doch wahrer schätzen!
Nur Knechtschaft ist der Rohheit Herd.
Euch ward mit freiern Volksgesetzen
Der Bildung Boden doch beschert.

Gildemeister.

Den Friedlichsten kann man verhetzen.
Jäh aus der Scheide schwirrt das Schwert.

Dichter.

Zu scharf umsausen Euch die Sorgen.
Seht! Ohne Kampf kein siegend Heil.
Schon blinkt ein neuer Menschheitsmorgen,
Und Alle nehmen, Alle theil.

Ringkönig (verächtlich zum Dichter).

Vom Theilen träumt er, vom Beglücken.
Nur Menschenkenntniß, keine Spur.
Sie sollten lieber Sternchen pflücken
Für Liebchen auf der Wiesenflur
Und wickeln zart in glatt Papier
Mit einem Vers: „O spiel mit mir!"

Reigenführer (zum Ringkönig).

Pfui, daß mit schalem Spott Ihr höhnt
Den Dichter, der die Welt verschönt!

In seinem Geiste wächst ein Gold
Von edlerm Klang denn Louisdore,
Und seiner Rede Schwungrad rollt
Lichtklingend dem betäubten Ohre.
Aus dieser Tage Brand und Braus
Ahnt er die Zukunft fern voraus,
Er folgt mit unbeirrtem Blicke
Dem Strom der ew'gen Werdekraft,
Und mißt die menschlichen Geschicke
Am Maß der großen Leidenschaft.
Kein nichtig Tändeln ist sein Walten mehr,
Kein eitler Weltschmerz dörrt das Hirn ihm leer,
Weltfreude füllt ihn wie ein leuchtend Meer.
Er sprudelt Trost, wenn Glück und Stern zerstieben,
Und wer ihm lauscht, muß seinen Genius lieben.

Dichter (zum Zukunftsreigen).

In jedem Funken sprüht der Dichtergeist
Der Menschheitsarbeit Riesengluthkreis wieder,
Der Hammer, der zu Stahl das Eisen gleißt,
Treibt seinen Gleichtakt durch des Dichters Lieder.

Ringkönig (mitleidig zum Dichter).

Sie sollen uns ein Lustspiel dichten,
Wie sie der beff're Bürger liebt.

Dichter (zum Ringkönig).

Nein, Majestät! Ich muß verzichten,
Weil's dafür Fabrikanten giebt.
Ich aber muß mein Leben schaffen,
Mein Fleisch und Blut dem Werke weihn,
Und darf ich einen Kranz erraffen,
Soll's doch kein Zeitungslorbeer sein!

Erster Kleinhandwerker (aus der Gilde).

Ob wohl der Schlucker Schriften hat?

Dichter (lachend).

Hab leider die diversen Bände
Nicht mit. Ich liebe freie Hände.

Zweiter Kleinhandwerker.

Er ist gewiß aus Duderstadt.
Dort blüht mir eine reiche Tante,
Sie ist gewiß 'ne brave Frau,
Die einen Kandidaten kannte —
Die Schilderung paßt ganz genau.

Dritter Kleinbürger.

Ja, ja, die Hungerkandidaten!
Man nimmt die Töchter wohl in Acht.
Das geben schlechte Literaten
Und Anarchisten über Nacht.

Zweiter Kleinbürger.

Na, na, so schlimm geht's auch nicht gleich.

Dritter Kleinbürger.

Am schlimmsten jetzt im Deutschen Reich.
Der Kaiser sagt es selbst, der junge —

Dichter.

Die Republik wird intressant.

Erster Kleinbürger.

Poetlein hüte Deine Zunge!

Gildemeister.

Der hat sie sich schon oft verbrannt.

Erster Kapitalist (aus dem Ring zum Dichter).

Laßt Euch das Schulgeld wiedergeben!
So lang die Welt steht, hat es Reich
Und Arm auf dieser Welt gegeben,
So lang die Welt steht, sag ich Euch.

Zweiter Kapitalist.

Niemals war das Vermögen gleich.
So lang die Welt steht, Arm und Reich.

Dichter (tiefsinnig).

Ihr habt's! Das ist des Pudels Kern.
So lang die Welt steht, meine Herrn.

Ringkönig.

Mit idealen Charakteren
Läßt ein Utopien sich erbau'n,
Wenn alle Menschen Engel wären,
Wollt' ich der Sache selbst vertrau'n.
Doch wie wir Menschen einmal sind,
Phantasterei und Schwärmerwind!

Dichter.

Ja, wie wir Menschen einmal sind —
So vorsintfluthlich und so blind.

Gildemeister.

Der kann die Bücher nicht verdau'n.
Ein aufgeschoss'nes Wickelkind!

Dichter (wiederholt langsam).

So vorsintfluthlich und so blind.

Kapitalist (zum Dichter).

Wer lehrt Euch denn Partei ergreifen?
Apoll steht über den Partei'n.
Wollt Ihr die Schlacken von Euch streifen,
Müßt Ihr Euch von Tendenz befrei'n.

Dichter.

Apollo lenkt den Sonnenwagen,
Sein Auge leuchtet rein und jung,
Er hört die Harfe stolz geschlagen
Der menschlichen Entwickelung.
Der Dichter fühlt der Dinge Wandeln,
Am Tagespuls das fernste Ziel —

Erster Kapitalist (unterbrechend).

Mit Ihnen lohnt sich's nicht zu handeln,
Sie machen im Prophetenstil.

Arbeiter (zum Dichter pathetisch).

Euch wird der Menschheit Liebe lohnen.
O Ihr seid wirklich gut und groß.

Junger Genosse (aus dem Zukunftsreigen).

Was ist denn das mit Ludwig blos?
Er schießt ja riesge Patronen
Poetischer Begeist'rung los!

Reigenführer (zum Dichter).

Habt Ihr den Brütenden geweckt?
So nehmt aus vollem Herzen Dank!
Er war so lebensweik und krank —
Hat sich sein Sinn emporgereckt?
Wird er nun unserm Ziel vertrauen,
Mit uns am Bau der Zukunft bauen?

Dichter.

Heil ihm, besteigt er stramm das Schiff,
Das kühn den Kurs der Wahrheit steuert!
Träut ihm noch manches Schreckensriff,
Er fährt und hat die Welt erneuert.

Ringkönig (zornig zum Dichter).

Weh Euch, daß Ihr die reine Gabe
Der stillen Muse frech entweiht
Und wie ein ausgelass'ner Knabe
Nach flatternden Phantomen schreit!

Gildemeister.

Der thäte besser draußen bleiben.
Hier schlägt man auf den Lärm nicht zu.
Im Ausland sich herumzutreiben ....

Teutscher Genosse (aus dem Zukunftsreigen).

Laßt den Poeten mir in Ruh,
Wollt Ihr mit mir nicht Händel fangen!

Kleinbürger (aus der Gilde zum vorigen).

Warum seid Ihr denn fortgegangen?
Ein fauler Alligator, wie?

Teutscher Genosse (zum Dichter).

O hätt' ich Macht der Poesie,
Ein deutsches Lied hätt' ich geschrieben ....!

Dichter.

Seid aus dem Reich hinausgetrieben?

Teutscher Genosse.

Bin aus Berlin, wo ich geboren,
Verjagt in eif'ger Winternacht,
Der Ostwind schnitt durch alle Poren,
Es war die plumpste Niedertracht.
Von Stadt zu Stadt sind wir gehetzt.
Wenn wir uns kaum zu Tisch gesetzt,
Erschien die hohe Polizei,
Die bracht' uns Ordnungsliebe bei,
Zeigt' uns des Bürgers erste Pflicht
Und warf den Wisch uns ins Gesicht.
Der deutsche Gott braucht seinen Knebel,
Der Säbel spielt den Sittenhebel,
Die Pickelhaube lehrt Vernunft
Und giebt im Zuchthaus Unterkunft.
Ich habe manches Mal gesessen
Und Diebs= und Mörderkost gegessen.
Ehrfurcht vor Mördern und vor Dieben!
Wir standen schlimmer angeschrieben.
Wir wollten ja der Welt den Glauben
Der göttlichen Gesellschaft rauben,
Und wer an diesen Glauben tickt,
Verfällt dem ärgsten Interdikt.
Wer da gerührt nur an den Schwindel,
Hieß Auswurf, Razzlareif, Gesindel,
Wer sich der Wahrheit scharf erfrecht,
War zehnmal schlechter noch wie schlecht,
Er war, der Satan soll mich reiten,
Die Schlechtigkeit der Schlechtigkeiten.
Und was mit Händen war zu greifen,
Was bis ins dümmste Haidenest
Die Spatzen von den Dächern pfeifen,
Das gab, gesprochen, uns den Rest.
Die schlichte Wahrheit zu verkünden,

Wie sie die Wissenschaft gelehrt,
Die schandenreichste aller Sünden,
Und Elend, Noth, Verbannung werth!
So schlug man unser Glück zu Scherben,
Den Edlen war das einerlei,
Das Schandgesetz sollt' uns verderben,
Wir waren rechtlos, vogelfrei.

(Der Sorgensatan ist, mit einem großen struppigen Büschel bewaffnet, während
der Worte des deutschen Genossen mehrmals suchend und ausspähend hinten und
vorn herumgeschlichen und gestrichen.)

Sorgensatan (einen Augenblick stehen bleibend).

Hört's auf, hört's auf! Herr meiner Seele!
Dies emigrantische Genöhle
Schlägt Einem auf die Nervenstränge.
Ein Nörgelstrick auf Lebenslänge.
Reichsfeind' im Reiche sind schon kläglich,
Reichsfeind' im Ausland unerträglich.

Dichter (zum Sorgensatan).

Hanswurst, geh Du nach Friedrichsruh!
Thu Ihm ein tief Interview!
Er steckt Dir's an der Pfeife an,
Wie man Sein Reich erleuchten kann.

Sorgensatan (sich wieder in oben beschriebener Weise absentirend).

Wo nur mein Freudel sich versteckt!
Hab sie noch immer nicht entdeckt.
Ein ganz verfluchtes Frauenzimmer!   (wieder ab.)

Reigenführer (zum Dichter).

Was will der Schornsteinfeger immer?

Dichter.

Das ist kein Schornsteinfegermeister.
Es giebt noch andre schwarze Geister.
Otto von Sorgensatan heißt er.
Nie war ein Sorgensatan dümmer:
Möcht' mit der Freud' ein Kränzlein winden,
Natürlich kann er sie nicht finden.

Deutscher Genosse.

Groll gab's da scheffelweis zu fressen.
Der Schädel hämmerte vor Muth.
Zehn Jahre bleiben unvergessen,
Das Proletariat steht gut.

(Große Unruhe bei Ring und Gilde, Beifall beim Reigen. Ueberhaupt haben die
Gruppen lebhaft mitzuspielen.)

Zweiter jüngerer deutscher Genosse.

Glaubt ihr, wir hätten viel gewonnen?
Was macht denn heut ein Kanzler aus?
Die neue Aera hat begonnen,
Knechtschaft und Elend steigt zu Haus.
Es blutet aus den deutschen Linden,
Daß wohl ein Strom zusammenlief,
Kein Kaiser kann die Kluft verbinden,
Die Wunden klaffen viel zu tief.
Erst schoß man uns mit schönen Phrasen
Von Oben schnelle Hilfe vor,
Jetzt ist zum Rückzug längst geblasen,
Das Volk ist der getäuschte Thor.
Weltkaiser Kapital zu Füßen
Krümmt sich's in seiner tiefen Noth.
Die deutschen Brüder lassen grüßen,
Es grüßt der Zukunft Aufgebot.

Dichter.

Kein Staat heilt die gewalt'ge Klage,
Die schrill durch das Jahrhundert gellt.
Die Menschheit wirft sich in die Waage
Dem internationalen Geld.
Die Arbeit zieht. Das Geld wird leicht,
Die Wucht des Kapitals entweicht,
Der Massenausgleich ist gefunden,
Die Welt vom Elend soll gesunden.

Gildemeister.

Das ist ein landesfremder Wühler!
Was treibt der Lump in unserm Haus?

Der Hetzer streckt die saubren Fühler
Nach niedrigen Instinkten aus.

Viele aus Vergangenheitsgilde und Gegenwartsring.
Drum schmeißt ihn raus! drum schmeißt ihn raus!

Sorgensatan (wieder hinzukommend, schreiend).
Sie reizen auf und stürzen um.
Sie rütteln an den heil'gen Säulen.
Die Petroleusen hör' ich heulen.
Den Dichter raus! Uff, schlagt ihn krumm!

Arbeiter (mit entsprechender Mimik).
's giebt Eisenfäuste.

Reigenführer.
          Zum Beschützer
Steht unser Reigen dicht geschaart.

Ringkönig.
Das fehlte noch. Ein Revolüzzer,
Mit rothem Dichterpelz behaart.

Gildemeister (zum Dichter).
Aus unserm Volke seid verbannt!
Habt weder Gott noch Vaterland.

Dichter (mit erhobener Stimme).
Ich bin ein deutscher Sozialist,
Von einem neuen Geist entbrannt.
Die Welt, die keine Grenze mißt,
Die Menschheit ist mein Vaterland.
Das Banner rauscht ob meinem Haupt,
Vom Sturm gebauscht, von Gluth umlaubt.

Durch ferne Völker dampft mein Pflug,
Zerreißt die Kruste zäher Noth,
Der Wahrheit folgt mein Furchenzug,
Der Freiheit Samen regnet roth.
Und länderweit keimt auf die Saat
Der neuen Zeit, die glorreich naht.

Wer fühlt die volle Leidensqual,
Die durch den Leib der Menschheit bebt?
Dich grüß' ich, Menschheitsideal,
Das meinen morschen Muth erhebt.
Verzweifelt lag ich lebensmüd,
Nun scheint der Tag, die Sonne glüht.

O Wonne, die des Kämpfers harrt,
Wenn sich sein Sehnen tief erfüllt,
Aus nebelgrauer Gegenwart
Die gold'ne Zukunft sich enthüllt,
Und feierlich die junge Welt
Auf Rosen sich umschlungen hält!

Gildemeister.
Er schwärmt, er schwärmt. Er wird noch toll.

Ringkönig (zum Arbeiter).
Ihr seid verrückt, wenn Ihr ihm glaubt.

Reigenführer.
Er zeugt die Wahrheit wundervoll.

Gildemeister.
Gott hat ihm den Verstand geraubt.

Arbeiter.
Ein Mann, ein Mann! Der Zukunft Stolz.

Mehrere aus Ring und Gilde.
Thät besser dran und hackte Holz.

Ein Fabrikant (aus dem Ring).
Laßt ihn! Das ist ein schön Geläute,
Das auch zu uns herüberklingt!
Fehlt doch die rechte Freude heute,
Mag sein, daß sie die Zukunft bringt.
Wohl muß sich Vieles nun verändern,
Der Kampf ist schrecklich und gemein,
Längst geht es um in allen Ländern,
Das wahre Recht wird Sieger sein.

Sorgenfatan.

Ein solch Jahrhundert sah ich nie
Voll wandellust'ger Poesie.
Gesäugt mit Milch vom Mittelalter
Schlürft's todesröchelnd Zukunftspsalter.

(Bleibt stehen und sieht sich zum ersten Mal ordentlich im Kreis um.)

Verfluchter Igel Menschenfett!
Spreizt seinen Stachelwanst hier aus.
Der Zeiten Zank auf einem Brett —
Der ganzen Sippschaft diesen Strauß!

(Er schleudert das Unkraut weit umher. Ein paar Disteln und Nesseln schwirren dem von links auftretenden Nabob in Pumphosen mit Bergfexenstock ins Gesicht.)

Der Nabob (stotternd und anglisirend).

Wat is dat für ein Mißfug hier
In dieses Schiller'sche Revier?
Ik reisen for mein Geld spazieren,
Ik lassen mir nich so chokiren.

Sorgenfatan (ganz unschuldig, laut).

Das sind Soziale Demokraten,
Sie haben sich 'nen Streik gebraten.

Der Nabob (zum Reigenführer, in die Tasche greifend und Goldstücke hervorlangend).

Wat will Ju für den ganzen Quark
Von Streik und Sofchalismus haben?

Reigenführer.

Das ist gemünztes Menschenmark.
Laßt Euch mit Eurem Moos begraben!

Der Nabob (schreit).

Er lästert Sterling!! Neih ihm! ueih!
Wo ist die Po—po—polizei?

(Zwei Polizisten in Gummischuhen stürzen von rechts herbei und schnurstraks auf den Zukunftsreigen los.)

Erster Polizist.

Ihr wißt, 's ist Polizeiverbot . . . .

Zweiter Polizist.

's ist Polizeiverbot, Ihr wißt . . . .

Erster Polizist.

Daß schwere Buße Euch bedroht . . . .

Zweiter Polizist.

Jawohl, und daß verboten ist . . . .

Beide Polizisten.

Ein gruppenweis Zusammenrotten . . . .

Reigenführer (zu einem Polizisten).

Ihr seid ein großer Patriot,

(Zum Andern). Ihr seid ein größerer Patriöter,

(Zu Beiden). Seid Ihr blos keine Hottentotten,
Sind wir noch keine Attentäter.

Erster Polizist.

Ach Gott, ach Gott! die Welt wird roth.

Zweiter Polizist.

Roth wird die Welt und immer röther.

Erster Polizist.

Wir schleichen sanft auf Gummischuh'n,
Sie stürmen los auf Eisensohlen.

Zweiter Polizist.

Das Beste, was wir können thun,
Wenn wir uns keine Haue holen.

(Beide Polizisten mischen sich lautlos unter die Menge.)

Gildemeister (auf den Dichter weisend).

Der hat sein' Sach' auf Nichts gestellt.

Dichter.

Auf Nichts die ganze Sklavenwelt.

Ringkönig.

Sein Herz ist schwach und krank sein Magen.

Dichter (auf den Geldbeutel deutend).

Ich hör' ein Herz im Geldsack schlagen.

Ringkönig (wüthend).
Sie wollen Alles unterwühlen.

Reigenführer.
Und wer nicht hören will, muß fühlen.
Die Menschheit nimmt Euch in die Kur.

Sorgensatan.
Menschheit und Zukunftsmenschheit immer.
's giebt Herren nur und Frauenzimmer.
Der Kompaß aller Kreatur
Zeigt grinsend nach der Nabelschnur.

Ein Kapitalist.
Er hat Talent, das muß man sagen:
Wie kann man sich nur so betragen!

Sorgensatan (väterlich).
Ich mein' es gut mit Euch, mein Sohn:
Hüpft mit der Leier um den Thron,
Psalmirt den hottentott'schen Staat an!

Dichter.
Jawohl, das rathet mir der Satan.

Sorgensatan.
Bald seid Ihr Hofpoet geworden,
Bekommt den rothen Adlerorden
Mit Bimmelbammel drum und dran
Und seid ein halber Edelmann.

Teutscher Genosse.
Ein halber Edelmann, o nein!
Der deutsche Dichter wünscht allein
Ein ganzer Edelmensch zu sein.

Sorgensatan.
Es reißen sich die feinsten Damen
Um Euren höchstgerühmten Namen.

Dichter (unwillig).
Einfält'ges Ofenrohr, schweig' still!
Frei leb' ich, frei ich sterben will.

Zukunftsgenosse.

Wann hört denn dies verdrehte Lama
Zu spucken auf?!

Nabob (in sein Notizbuch kritzelnd).

Ein rothes Drama.
Ich werde mir das Streik notiren —
Frechheit von schweizerische Tramps.
Von dieses Schreck mich zu kuriren,
Ich reisen heute Nacht nach Ems.

Arbeiter (zum Dichter und Reigen gewendet).

Wie quillt nach all den dumpfen Qualen
Ein regsam Wirken auf mich ein!
Der Nebel flieht und hold erstrahlen
Seh ich des Lebens Purpurschein.
Aus starrem Todesbanne richtet
Sich der zertret'ne Geist empor,
Und was verloren, was vernichtet,
Es lebt, es naht, es pocht ans Thor.
So soll sich dieses Hirn noch rühren?
Wer deutet, was hier drängt und schafft?
Die Kraft zu Denken darf ich spüren,
Und Lust vermählt sich schon der Kraft.
O Jammer, der so tief umnachtet,
O Elend, das so wüst zerstört!
Millionen langsam hingeschlachtet
Dem Götzen, der die Welt bethört!
Verruchter Wahnsinn dieser Zeiten,
Der soviel Menschenglück zermalmt!
Die Erde stöhnt und donnernd reiten
Die Rachegeister dampfumqualmt.

Ringkönig (eisig).

Ihr seid mit heut'gem Tag entlassen.

Arbeiter (fortfahrend).

Der Funke fliegt von Land zu Land.
Und diese ungeheuren Massen
Erfaßt der Wahrheit Weltenbrand.

Zur Arbeit allesammt berufen,
Und alle Menschen zum Genuß,
Glückschimmernder Erkenntniß Stufen
Erobern wir nach Schicksalsschluß.
Nicht mehr in feuchten Höhlen kauern
Soll ein verhungerndes Geschlecht,
Nicht mehr auf Gunst und Gnade lauern
Soll der gequälte Löhnerknecht.
Nicht soll die eis'ge Noth verletzen
Der zarten Kinder knospend Heil,
Nicht werden Kinder mehr zu Metzen,
Dem goldnen Wollustmolche feil.
Nicht wird die Raserei gefüttert
Mit unserm Mark und Fleisch und Blut —
O Sehnsuchtssturm, der mich durchschüttert,
O schrankenlose Willensfluth!

(Die Freude kehrt mit zwei Kränzen, einem lieblichhellen Blumenkranz und einem
grünen Eichenlaubkranz wieder; zu ihrer Seite wandelt eine schöne, ernste Knaben-
gestalt [weiblicher Alt in weißer Toga mit gesenktem Palmzweig], der Schmerz.)

Sorgensatan.

Da kommt sie nun mit einem Weißen.
Mir läuft die stramme Flöte fort.
Wär' gern, mich soll das Mäusle beißen!
Mit ihr gehüpft zum dunklen Ort.

Arbeiter.

Die Freude kommt.

Freude (zum Dichter und Arbeiter).

Mit mir mein Bruder.

Schmerz (reicht beiden die Hand. Zum Dichter).

Du kennst mich gut. So manche Nacht . . . .

Sorgensatan (bei Seite).

Erzengel Schmerz, das stolze Luder!

Schmerz.

Hab' ich an Deinem Bett gewacht.

Dichter (bewegt).

Aus thränenüberperlten Wangen
Wild locktest Du der Dichtkunst Gluth.
Wenn Deine Arme mich umschlangen,
Durchwühlte mich die Liederfluth.
Heiß hing dies Haupt in Deiner Hand.

Arbeiter (beklommen zum Schmerz, der ihn durchbringend ansieht).

O sprich, wie hält mir unverwandt,
Dein schwerer Blick die Brust umspannt?

Schmerz (zum Arbeiter).

Weil ich Dein Herz erschüttert habe:
Todt liegt Dein süßer, blonder Knabe.

Arbeiter (wankend, mühsam, nach einer Pause).

Todt — Ferdinand — mein — Nanni — — todt!

Sorgensatan.

Dies Faktum dient mir zur Verdauung.
Verreckt an mangelnder Verkauung.
Vivat die Proletariernoth!

Freude (zum Arbeiter).

Für Euer Kind den Kranz zu pflücken,
Hab' ich gewunden Blumen viel.
Er sollt' ihn nimmermehr beglücken,
Der matten Händchen Sommerspiel.
Nehmt ihn, den kleinen Leib zu schmücken!
(Bedeutend) Doch eh Ihr geht, ergreift das Ziel!

Arbeiter (nimmt den Kranz wie träumend).

Das Ziel, das Ziel! Mein Nanni — todt!

Dichter.

Die Gipfel glühen purpurroth.
Viel tausend holde Knaben sterben,
Gleich Deinem Liebling kraftentblößt.
Nun wag's, um eine Welt zu werben,
Die eine Welt von Leid erlöst!

Freude (zum Arbeiter).

Der frische Kranz von Eichenblättern
Gilt Euch! Er sei ein Siegeszeichen!

Arbeiter (sanft ablehnend).

So müßt Ihr ihn dem Dichter reichen.

Dichter (zum Arbeiter).

Nein, Euer!

Arbeiter.

Nein.

Dichter
(nimmt ihn der Freude ab und giebt ihn dem Reigenführer der Zukunft).

Dann unsern Rettern.

Arbeiter
(nimmt seines Kindes Kranz in eine Hand und faßt den Dichter an der andern;
Freude und Schmerz ihm zur Seite. Zum Zukunftsreigen gewendet).

Nehmt mich, Ihr Brüder, nehmt mich hin!

Reigenführer.

Gesegnet sei des Schmerzes Stunde!
Die neue Welt ward Dein Gewinn,
Willkommen in der Brüder Bunde!

(Die Genossen umringen ihn und drücken ihm die Hand.)

Ringkönig.

Keimt hier ein neuer Menschensinn?

(Arbeiter, Dichter, Freude, Schmerz stellen sich an die Spitze des Zukunftreigens.
Gesang des Reigens nach der Melodie: „Heil Dir, Helvetia!")

Heil Dir im Purpurglanz,
Glühender Gipfelkranz.
Heil, Menschheit, Dir!
Liebe des Erdenlands
Füllt Dich mit Wonne ganz,
Blüthe der Welt zu sein,
Heil, Menschheit, Dir!

Nicht einem Herrn voll Scheu
Biegst Du den Rücken treu,
Hündisch und feig.
Sturm treibt der Knechtschaft Spreu,
Stolz brüllt der Freiheit Leu,
Lacht der Hyänen Heer
Winselnd und bleich.

Alle für Alle gut
Wirken voll Edelmuth,
Frieden zu frei'n.
Nimmermehr Menschenblut
Fordert Tyrannenwuth,
Opfer dem Schlachtengott
Gräßlich zu weih'n.

Ueber der Erde Flur
Wandle die Schönheit nur,
Walte sie groß!
Frei durch die Allnatur
Führe Vernunft die Spur,
Jenseits von Raum und Zeit
Und uferlos!

Heil Dir im Purpurglanz,
Glühender Gipfelkranz,
Heil, Menschheit, Dir!
Liebe des Erdenlands
Füllt Dich mit Wonne ganz,
Blüthe der Welt zu sein,
Heil, Menschheit, Dir!

Sorgensatan.

Zum Kuckuck! Bald genier' ich mich,
Auf's Haupt mir regnet's Feuerkohlen.
Die Sache wird zu feuerlich,
Ich muß mir einen Strohhut holen. (Ab.)

Dichter (vortretend).

Graue Gespenster verdämmernder Zeiten!
Schwellende Schöne der grüßenden Welt!
Näher und näher seh' ich sie schreiten,
Die das Gewaltreich der Knechtschaft zerschellt.
Tief im Moraste des Mammons verloren
Ging uns des Lebens gewaltiger Muth,
Blühende Fülle der Liebe geboren
Wird aus der Freiheit erlösender Fluth.

4

Hungernde Massen im Elend geschmachtet,
Wimmernd im Frohndienst der Noth sich gemüht,
Von ihren Peinigern schamlos verachtet,
Welk und gebrochen, noch eh' sie geblüht.
Freudeberaubt und verstoßen vom Schönen,
Fern von den Höhen des Lebens verbannt,
Väter mit Töchtern und Mütter mit Söhnen
Eisern ins Joch der Entbehrung gespannt.

An die Maschine zeitlebens geschmiedet,
Beute dem nimmersatten Koloß,
Wüthend umschmettert, umzischt und umsiedet,
Keuchten wir todwärts, ein knechtischer Troß.
Wolken des Dampfes umquollen die Fülle,
Weh! und von Ueberfluß strotzte die Welt —
Aber ein übergewaltiger Wille
Schneidet die Klauen dem gierigen Geld.

Hört Ihr die Flüsse, die Meerwasser brausen?
Seht Ihr die Berge von Feldspat gehäuft?
Spürt die elektrischen Funken Ihr sausen?
Fühlt, wie der Segen des Weltalls träuft?
Hilfreiche Kräfte zermalmen den Schrecken,
Fluch der Vergangenheitsarbeit verdröhnt,
Wonne wird unser Schaffen erwecken,
Freude, die liebliche, lächelt versöhnt.

Chor des Zukunftreigens.

Hilfreiche Mächte zermalmen den Schrecken,
Fluch der Vergangenheitsarbeit verdröhnt.
Wonne wird unser Schaffen erwecken,
Freude, die liebliche, lächelt versöhnt.

(Während der Worte des Dichters hat sich aller Gruppen eine lebhafte Erregung bemächtigt. Bei der letzten Strophe salutiren die Vergangenheits- und Gegenwartsführer mit ihren Abzeichen vor demjenigen der Zukunft und senken sie zu Boden. Alles setzt sich in Bewegung, sodaß sich allmälig Vergangenheit und Gegenwart in den Zukunftsreigen auflöst. Gleichzeitig zieht eine schönbuftig sommerliche Mädchenschaar herauf und mischt sich bunt hervorschimmernd unter die Menge, indem sie singt:)

Chor der Frauen und Mädchen.
(Melodie: Freiheit, die ich meine).

Freiheit, sternenreine,
Die die Welt erfüllt,
Glühst mit neuem Scheine,
Nicht mehr dunstumhüllt.
Spielst im Sternenreigen
Der Erlösung Held,
Willst dich endlich neigen
Der bedrängten Welt.

Was ein traurig Gestern
Finster uns verhängt,
Brüder Ihr und Schwestern,
Sei in Nacht versenkt!
Wenden muß sich Alles,
Jede Noth verrinnt,
Und des Erdenballes
Hochzeitstag beginnt.

Bald in Ruh bestattet
Schlummert Reich und Arm,
Gleich in Liebe gattet
Brust an Brust sich warm.
Holde Kinder sprießen
Dem beglückten Bund,
Freies Weltgenießen
Lehrt ein Blumenmund.

(Der Sorgensatan kommt mit einem weißen Riesenstrohhut mit flatternden
rothen Bändern und einer Schnapsflasche zurück.)

Sorgensatan.

Da bin ich nun mit Weiß und Roth
Und wenigstens noch Patriot.

Dichter (zur Freude).

Kind — das Gedicht vom ersten Mai!
Du weißt, es sind dort ihrer zwei
Arbeiter, Bräutigam und Braut,
Wie sie ihr Glück sich anvertraut.

Freude.

Da giebt's für mich kein lang Besinnen,
Ich hab's und kann sofort beginnen.

Sorgensatan.

So macht zum Schluß die junge Dame
Noch für ihr Dichterlein Reklame.
Silentium! Feuer! Eins! Zwei! Drei!
Nun los!

Freude (einen Moment zum Dichter, dann zum Publikum gewendet).

Dein Lied vom ersten Mai!

Der erste Weltmai war gekommen,
Die Sonne küßt' ihr Fensterlein.
Ihr Herz schlug laut und süß=beklommen,
Da kam ihr Liebster leis' herein.

Sie preßt' ihn an ihr knochig Mieder,
Griff nach dem frischen Frühlingsstrauß:
„Die ganze Kammer füllt der Flieder
Mit seinen reichen Düften aus.“

„„Komm', Liebste, laß das Schiffchen schlafen,
Das Tretrad Deiner Knechtschaft ruh'n!
Entgegenschwebt den Arbeitssklaven
Die Freiheit sanft auf Hochzeitsschuh'n.““

„O ist es wahr, was wir vernommen?
So blüht auch uns das Glück einmal?
Soll wirklich unser Pfingsten kommen,
Das Weltenpfingsten aller Qual?“

Wie rieselte der Wonne Schauer
Durch ihre schmächtige Gestalt!
„„Sie wankt, sie wankt, die feiste Mauer
Der glückzerschmetternden Gewalt!

Schon spielt des Lichtes zarte Welle,
Schon biegt sich auf das finstre Thor,

Die Wahrheit siegt, die sonnenhelle,
Der Zukunft Schleier weht empor.

Heut öffnet sich der Menschheit Blüthe,
Einst tränkt ihr Hauch die weite Welt,
Die Liebe quillt, es thaut die Güte,
Die Schönheit krönt ihr Blüthenzelt.""

Aufschluchzend hielt das Weib umschlossen
Den Mann, dem hold ihr Herz geweiht.
Im Chor der feiernden Genossen
Hell scholl ihr Psalm: „Es mait! Es mait."

(Die Gesammtheit der Gruppen bildet allmälig einen schönen turnerischen Reigen.
Der Sorgensatan schwingt seine Flasche und entreißt außerdem dem Nabob
dessen Bergfexenstock.)

Der Nabob.

Wa—as? Wa—as — be—deutet — das?
Der ist vom Pi—pi—latuspaß!

Sorgensatan.

Was ist der Wahrheit Ziel und Ende?
In Skepsis wasch' ich meine Hände.
Hoch, dreimal hoch die kolossale
Rothnas'ge Internationale!

(Er wirft sich mit der Energie eines verzweifelten Tambourmajors an die Spitze
der Kolonne und kommandirt:)

Marsch, vorwärts! Ganze Kompagnie!

Dichter (zur Freude lachend).

Der Mensch bringt sich noch um, Marie.

(Massenchorus nach der Marseillaisemelodie Rouget de l'Jsles.)

Wohlauf, Ihr Brüder und Genossen,
Schaart Euch zusammen Mann für Mann!
Es ist nothwendig und beschlossen:
Der Tag der Freiheit bricht heran.
Kein Wahngebild soll uns bethören,
Uns narrt kein nebelwirrer Trug,
Das Himmelreich ist reich genug,
Wir wollen keine Seele stören.

Wir woll'n die Menschheit frei.
Leucht' uns, o Weltenmai!
Herbei! herbei!
Zerbrecht, zerbrecht den Thurm der Tyrannei!

Wir waren lang genug geknechtet,
Vom Taumel der Gewalt mißbraucht,
Wir waren lang genug entrechtet,
In thatenlose Nacht getaucht.
Wir haben lang genug in Banden
Zwinguri Mammon hart gefröhnt —
Hört Ihr das Horn, wie's hallt und dröhnt?
Habt Ihr den Sturmesruf verstanden?
Wir woll'n die Menschheit frei.
Leucht' uns, o Weltenmai!
Herbei! herbei!
Zerbrecht, zerbrecht den Thurm der Tyrannei!

Am Fuß erhab'ner Firnen heute
Grünt eines neuen Grütli Flur,
Der Sehnsucht liebliches Geläute
Durchzittert unsern Freiheitsschwur.
Die Feuer werden rings entzündet
Vom Fels zum Meer auf allen Höhn,
Viel Millionen Augen sehn
Die Losung, wunderbar verkündet:
Wir woll'n die Menschheit frei.
Leucht' uns, o Weltenmai!
Herbei! herbei!
Zerbrecht, zerbrecht den Thurm der Tyrannei!

Uns schrecke nicht die List der Schergen!
Verachtung ihrem schlechten Sinn!
Wir haben nichts mehr zu verbergen,
Wir legen Alles offen hin.
Die Blätter sammt den Purpurlettern
Sind weithinleuchtend ausgestreut,

Wer sich der vollen Wahrheit freut,
Vernimmt's wie mit Fanfarenschmettern!
Wir woll'n die Menschheit frei.
Leucht' uns, o Weltenmai!
Herbei! herbei!
Zerbrecht, zerbrecht den Thurm der Tyrannei!

(Pause.)

Dann ziehn als Gleiche wir mit Gleichen
Ein Jeder seinen freien Pfad.
Die Zwietracht muß der Eintracht weichen,
Zum Frieden blüht die Zukunftssaat.
Dann thut sich auf mit süßem Brausen
Der Schönheit Blüthe bei der Nacht,
Der Wonne Nachtigall erwacht,
Indeß die stillen Sterne sausen:
Menschheit im Weltall frei.
Leuchtender Weltenmai!
Herbei! Herbei!
Die Gipfel glüh'n. Gewölke zieht feurig roth vorbei.

(Reinstes, tiefstes Alpenglühen.)

Der Vorhang fällt.

Gründeutschland.

Dies ist ihres Schickſals Entweder — Oder:
Heut' ſind ſie Mode und morgen Moder.

Leopold Jacoby.

Gründeutschland.

Ich bin so frei, dem Brauch entgegen,
  In Versen, die mein liebster Fall,
Ein zeitgemäßes Ei zu legen
Im literar'schen Hühnerstall.
Wo Gottlieb gackert in Broschüren,
In Prosa jeder Kampfhahn kräht,
Da möcht' ich rhythmisch heut' mich rühren,
Denn, ach, schon morgen wär's zu spät.
Ja, morgen fluthen and're Flammen,
Ja, morgen stürmt ein andrer Sturm,
Ja, morgen stürzt zu Staub zusammen
Der Geldgesellschaft Teufelthurm.
Doch stille da! Man muß sich zähmen,
In Deutschland soll dies Heft heraus,*)
Die freien Flügel muß ich lähmen
Und piepen als dressirte Maus.
So sei's gepiept! Was hör' ich rascheln?
Was springt mir meuchlings ins Genick?
Was stört mich, still vom Speck zu nascheln?
Das sind die Ratten der Kritik.
Von süßer Lyrikschwarte beißt mich
Der rohen Rotte frech Gewühl,
Die Ritze rupft, die Ratze reißt mich,
Das prickt, doch läßt mich's gründlich kühl.

---

*) Das Gedicht erschien zuerst in einer deutschen Zeitschrift.

Mit dem Gesindel soll ich laufen?
Ist das der Borstenpöbel werth?
Mein gutes Sammetfell zerraufen
Am spitzen Wanderrattenschwert?
Unreinlich ist die fette Sippe,
Gefräßig wie Lord Kapital,
Und hintennach die lange Strippe
Verknotet mir mein zart Pedal.
Brrr! Nur ein Gang!
　　　　　　　Gründeutschland lebe!
Das jüngste Deutschland dreimal hoch!
Euch Ratzebütteln Schach! Ich hebe
Mein Fähnlein keck im Kampfgewog.
Schlurft nur heran und sträubt die Borsten!
Gelt, solch ein Mäuschen stand euch nie?
Vom Felsen, wo die Falken horsten,
Stoß' ich in eure Krabblerie.
Gründeutschland hoch! Ihr Flunkerfritzen,
Mit dickem Floskelpelz verbrämt,
Laßt eure gelbe Galle spritzen!
Ich will euch blitzen, daß euch's grämt.
Ich will euch um die Krone schmettern
Mit hellem Hohn den mürben Quark,
Von eurem Laub den Lenz entblättern,
Ich, Henckell Karl von Donnersmarck.

O schauderhaft Gezücht der Presse,
Aus allen Winkeln pfeift dein Wanst.
Dein Ideal ist das Interesse, —
Die Bauchmast, die du meistern kannst.
Wo sich der Unrath häuft zu Bergen,
Wo sich das Aas der Zeit zersetzt,
Da wimmelt's zu den gold'nen Särgen,
Von Gier und Lüsternheit gehetzt.

Ihr kaut den Koth, wißt kein Genügen,
Ihr pfeift deß Lied, weß Mahl ihr schlingt,
Drum müßt ihr lügen, lügen, lügen,
Weil Wahrheit nie sich feil verdingt.
Sonst hättet ihr's schon längst gepredigt
Millionenmündig Tag für Tag
Und mich der herben Pflicht entledigt,
Zu schlagen solcher Rhythmen Schlag.
O lieber schüf' ich nur das Schöne
Fernlauschend auf der Dinge Strom,
Des kommenden Jahrhunderts Söhne
Rief' ich zur Dichtung Aetherdom;
Ich flüchtete mich voll Verachtung
Viel lieber aus dem Moor der Zeit,
Aus freudenfinsterer Umnachtung
Zu ferner Fluren Herrlichkeit . . .
Ihr aber lügt und bringt den Dichter,
Den weltenseel'gen Sonnenstrahl
Zum Kläger zwingt ihr ihn, zum Richter
An euer Rattenbacchanal.
Hurrah! Ihr Herren von der Feder,
Die spielend ihr das „Volk" ergötzt
Und euren Tageskram und Köder
In das berühmte Wurstblatt setzt;
Die so den Genius ihr vergöttert,
Daß seiner Boten bestes Lied
Mit einem Götterwitz zerschmettert
Der Weltgeist, der sich euch beschied,
Der prompt auf fünfundzwanzig Spalten
Feinsinnige Musenmilben preist —
Ihr journalistischen Gewalten,
Hurrah, hurrah — die Kette reißt!

Die Kette reißt, und lebensmuthig
Gründeutschland bohrt den blanken Speer,
Die stolzen Stirnen wundenblutig,
Lenzgrünumlacht in's wankende Heer.
Ein Riesenwille wirft die Recken
Durchbrechend in die morsche Wand
Der Greise mit den mürben Stecken
Des Winters in der zitternden Hand.
Das ist der schwarze Schwarm der Mode,
Der ängstlich sich zusammenschiebt,
Die Bürgerwehr, die todtmarode
Den Schlafrock zu vertheid'gen liebt.
Das sind die tausend todten Seelen,
Das ist der Wiederkäuer Wald,
Zur Fistel quälen sich die Kehlen
Des Chors, der aus der Schule schallt.
Gewalt'ger Chor der Epigonen,
Nachzüglermächt'ge Melodie,
Der Rhythmen donnernde Kanonen
Erschüttern Horn= und Menschenvieh.
Wenn in Journalen, in Gedichten
Ihr in die Sturmposaunen blast,
Muß uns der Menschheit Zorn vernichten,
Ihr rast ja, wie wenn Ajax rast.
Ihr rast die Liebe, Güte, Schöne,
Die reine Niedlichkeit der Welt,
Ihr rast die Keuschheit der Kamöne,
Rast was die Art hat, was gefällt.
Ihr blast den Takt und rast die Sitte,
Rast die Moral und blast den Schliff,
Ihr blast und rast das Reich der Mitte,
Und rast und blast den Modepfiff.
So pfeift nur, pfeift, ihr Moderatten!
Ein bischen Puste bläht euch noch.
Bald brennen eure Kasematten,
Bald pfeift ihr aus dem letzten Loch.

Dann hauchen die Reptilienklänge,
Dem Pfuhl entlockt, ihr Leben aus,
Das Feuer frißt die Glockenstränge,
Durch Asche dampft das Rattenhaus.
Gründeutschland läßt aus schwarzem Schutte
Lichtdrachen steigen rosenroth —
Ihr Augurn mit der Götzenkutte,
Gründeutschland reißt uns aus dem Koth.
Uns aus dem Koth? Ihr liebt zu grinsen —
Ein welkes Grinsen, werthe Herrn —
Gelt, einen Sumpf voll Tang und Binsen
Schimpft unsern Sturm und Drang ihr gern!
„Wir sind ein Dreck von Kopf zu Fuße,
Vom Zeh zum Scheitel ein Kompost,
Wir sind in unserm Pflaumenmuße
Mistfinken braun wie Trebermost.
Wir wühlen in den — Reinlichkeiten
Mit Wollust wie das liebe Schwein,
Wir wickeln in die Schattenseiten
Des Lebens unf're Schlackwurst ein.
Wir opfern schamlos in Spelunken
Veneribus vulgivagis,
Wir sind von eitel Hefe trunken,
Und Alles dies kommt von Paris.
Umschlottert von der Meisterstola
Ergoß sein duftend Jauchefaß
Der böse Rettigbauer Zola
In unser teutsches Tintenglas.
Und Dostojewskij, Tolstoy, Ibsen,
Unheimlich mit der Mönchskapuz',
Sie lehrten uns die Dichtkunst gipsen
Mit Glückshaß und Verbrecherschmutz.
Nur das sind anerkannte Leute
Von unbestrittenem Genie,
Wir stehlen ihre Löwenhäute
Und sind Schimpansen ohne sie.
Talentlos stümpern wir das Nackte,

Wir klatschen kläglich ab die Noth,
Kurzum wir sind der frech kompakte,
Jüngstdeutsche Poetasterkoth.“

Gründeutschland hoch! Auf beide Beine!
Wir drücken durch die deutsche Kunst.
Wir reiten, und an unf'rer Leine
Schwimmt Helios durch den Nebeldunst.
Gründeutschland hoch! Auf unsern Nacken
Reibt der Tornister unf'rer Zeit —
Die Modegrippe soll euch knacken,
Daß ihr mit Luft bepuckelt seid.
Ihr seid das Vacuum der Fülle,
Die Schwindsucht jagt euch im Galopp,
Ihr webt des Phrasennetzes Hülle
Um Nichts — wir aber wurden grob.
Wir wurden grob mit einem Male,
Und überraschten eure Ruh,
Wir schrieen: Ihr seid Hut und Schale,
Wir wollen Kopf und Kern dazu.
Den neuen Kern, die neue Schale,
Denn Frucht und Form sind ein Gebild,
Wir wurden grob mit einem Male,
Ihr aber wurdet plötzlich wild.
Der gute Ton der feinen Sitte
Kam euch abhanden über Nacht,
Ein rasselnder Antisemite
Vom Skattisch — seid ihr aufgekracht.
Ihr spieltet Null couvert mit Sieben,
Kein offner Stich für unser Herz,
Für unser Hassen, unser Lieben —
Wir aber sprengten euren Scherz.
Der Parzenernst zerriss'ner Zeiten
Wühlt' unser berstendes Gefühl

Bis in die tiefsten Heimlichkeiten
Zu schaumaufwirbelndem Gewühl.
Ja, Knaben haben heiß empfunden,
Was ihr herbstzeitlos nie gespürt.
Wildbäche bluteten die Wunden,
Von Widerhaken aufgerührt.

Den Livius im Bücherriemen,
Horaz, den Helden, in der Hand,
Entdeckten wir die neuen Kiemen
Schon an der glüh'nden Schläfenwand.
Wie frostig fieberten die Stunden,
Wie schauerte die tobte Müh,
Wenn wir den zarten Geist geschunden
Mit Ochsenziemern spät und früh!

Wir fühlten in die Fluth der Massen,
Die Großstadt ist kein Internat,
Und mit Erröthen, mit Erblassen
Sind wir der Klause scheu genaht.
In weiche Rinden fuchsverlogen
Ward eingegerbt der Spuk und Spott,
Des Lebens Wogen aber flogen
Fern dem gequälten Griechengott.

Wir fühlten in die Gluth des Goldes,
Das Bürgerheim ist kein Parnaß,
Und von dem Fluche seines Soldes
Ward uns die müde Wimper naß.
Der Kurspapierpagode blickte
So sauer nickte sein Genick,
Der Althellenen Schulnerv knickte
Ein Börsenschwindelmißgeschick.

Gründeutschland hoch! Wir reihten wacker
Schon damals gründeutsch Reim an Reim,
Auf frischgebroch'nem Musenacker
Sproß uns're Traumsaat Keim an Keim.
Wir machten Verse, wir umrissen
In Prosa, was das Herz zerstückt,
Wir schrieben Briefe dem Gewissen

6

Und suchten Seelen, gleichbedrückt.
O Schmerz, der unf'rer Jugend Säulen
Mit wahrer Föhngewalt durchkracht!
Wer hört nicht das Verhängniß heulen,
Dem Moloch wehrlos dargebracht?
Die Knaben haben's nur empfunden,
Ihr Hirn war heiß, ihr Haupt war schwer,
Sie siedeten aus ihren Wunden —
Jetzt sind wir keine Knaben mehr.
Jetzt ist die Wahrheit Mann geworden,
Erkenntniß ward des Fühlens Braut,
Jetzt wird in ehernen Akkorden
Das zwanzigste Jahrhundert laut.

Es hat ein Hammer aufgeschlagen
Im menschlichen Maschinensaal,
Der Amboß klang, und fortgetragen
Wird sein Getön von Thal zu Thal.
Die Berge zittern seinem Dröhnen,
Die Meere wälzen seinen Ruf;
Er bebt ans Ohr der Erde Söhnen
Und lebt im Schönen, das er schuf.

*

Aus ihrem dunklen Mutterschoße,
Wächst auf zur Kraft durch Noth und Leid
Die kampfgebor'ne, palmengroße,
Lichtaugenholde neue Zeit.
Der Dampf umbraust des Kindes Wiege,
Zur Hochzeit blühn ihr sternenklar
Zum selt'nen Lohn vollkommner Siege
Leuchtblumenketten durch das Haar.

*

Glückauf, du neue Zeit der Milde,
Der Unschuld, die nur Wahrheit kennt,
Die nach der Zukunft Geistesbilde
Sich vorwärts zu gestalten brennt!
Wir richten unser Haupt zum Gruße
Entgegen deiner edlen Zier,
Wir streuen Palmen deinem Fuße
Und huld'gen und psalmiren dir.

Gründeutschland Heil! Dir will ich widmen
Zum Angebind dies Segenslied,
Das mir zu hell und hellern Rhythmen
Vorleuchtend durch die Seele zieht.
O laß vom Wohlklang dich ergreifen!
So klingt der Wahrheit Kehle nur.
O laß von ihres Schleiers Streifen
Zitternd umschweifen die Natur!
Scharf schneide von dem Thon der Dinge
Die Stoffwelt, die du selbst erfüllst,
Die Leidenschaft sei deine Klinge,
Mit der du meißelst, was du willst!
Du bleibst nicht an der Fläche haften,
Denn dich durchzuckt vom Kopf zur Zeh
Die strahlendste der Leidenschaften
Kraft der Entwickelungsidee.
Wenn dich des Jammers Schlag geschüttelt,
Der Seelen mörderische Qual,
Wenn dich das Elend wachgerüttelt
Im Völkerheerdenhospital;
Wenn all dein Mitleid, all dein Schrecken
Dich rührte mit dem grünen Reis
Aus uns'rer Zukunft Sonnenhecken,
Schwebt dir auf's Haupt der Lorbeer leis.

Gründeutſchland Heil! In deinem Spiegel
Gewahre ſchaudernd ſich die Schuld!
Im blitzenden Gedankentiegel
Koch klar die Säfte voll Geduld!
Die Kräfte ſauſen in dem Keſſel,
Zart ſprießt der Freude Diamant,
Aus ſeines Satzes Grundgefeſſel
Löſt ihn des Genius Zauberhand.

Gedichte.

Gedichte.

Trübe.

Grau liegt die Luft, der Wind fliegt bang,
Der Regen rinnt, den Wald entlang
Zieht Seufzerzug, singt Grabgesang . . .
Nun streut die Schwermuth ihre Keime
In angstgefurchte Herzen ein,
In dunkel abgetönte Reime
Verhüllt der Dichter seine Pein.
Ach, wer sein Weh zu Rhythmen flicht,
Der ist noch lang der Ärmste nicht;
Doch wer um Glück und Glanz betrogen
Die Stirn an Fensterscheiben preßt,
Wer grauenschwer hinabgezogen
Sich tief und tiefer treiben läßt;
Wem Kraft und Wille treu selband
In Unkraft und Verzweiflung schwand;
Wer schon zu müd, den Feind zu fassen,
Der ihn erwürgt, zum Tod gelassen
Verkohlend sich in Asche schiebt
Und nicht mehr leuchtet, nicht mehr liebt. —
Kein Klang reißt die zerstampfte Seele
Aus ihrer dumpfen Kerkerhöhle. . . . .
Die Luft liegt grau, der Wind fliegt bang,
Der Regen spinnt, den Wald entlang
Zieht Seufzerzug, singt Grabgesang.

Gelegentlich.

Freiwillig, ohne Murren, selber drängend
Der Schergen Schritt, steh' ich dem Tribunal
Der Richter, Buß' und Rüge mir verhängend,
Wenn ich mit rednerischem Brand versengend
Lebend'gen Bildern Bild und Leben stahl.
Ich weiß es wohl, daß manchmal mich Entrüstung
Halsüberkopf stürzt' über gold'ne Brüstung,
Die scharf die Vogelperspektivekuppen
Der Kunst absichert vom Gewirr der Gruppen
Tief, tief im Thal auf wimmelnden Chausseen,
Die, Käfern Riesen, für den Adler Puppen,
Sich kämpfend winden, wirbelwogig dreh'n,
Ein Staubgemisch von ungeheuren Truppen.
Jawohl, du mein schwurrichterlicher Ring,
Den freundlichst um Beruhigung ich bitte,
Ich büße frei, wenn sich mein Zorn verfing
In meines Liedes Zaum zum Unglücksritte.
Er riß mich fort, die Zügel ließ ich fahren,
Ich schrie und packte nach den Mähnenhaaren,
Dem schwarzen Pathos. Doch trotz Schimpfen, Schrei'n
Brach sich mein armer Brandfuchs straks das Bein.
Verurtheilt mich, weil ihr so klug und weise,
So goldgereift an künstlerischer Kraft,
Daß ich nicht immer meiner Glocken Speise
Entschlackt von rißeschwang'rer Leidenschaft!
Der Schramme grollt, die heckendichter Zorn,
Der ungestüme, stachelschwein'sche Dorn,
Brutal in runde Liebeswange ritzte,
Klagt, daß ich Herzblut ohne Schick verspritzte!
Verdonnert, warf mein Kronreim scharfen Sprung,
Mich wegen Majestätsbeleidigung,
An meiner kaiserlichen Kunst verbrochen:
Zehn Wochen Düntzer lesen, Wolff zehn Wochen!
Drückt, wenn ich je mit Phrasensaft bespie
Des Kanzlers Haupt im Reich der Poesie,

Den Major Domus in dem Bildertempel,
Auf meine Stirn des Stümpers Wasserstempel!
Und laßt mich, wenn ich ausnahmsweis' beleidigte
Den elften Paragraphen trift'ger Kunst,
Mit Pompgewalt ein fühllos Nichts vertheidigte,
Einathmen Herrig's blauen Lutherdunst!
Nur stülpt nicht immer, holde Herrn Kollegen,
Ihr Michaele mit dem Tintenschwert,
Vorm Parabeis der Poesie gelegen,
Den Helm auf, der der Polizei gehört!
Müßt ihr mich aber mit Gewalt verknütteln,
Ein wenig Kunst dann, bitt' ich euch, beim Büttteln!
Ihr, Lessing's Söhne!
          Wie ihr euch entrüstet!
Für Recht und Ordnung, wenn ein winz'ger Wicht
Ein Häufchen radikalen Unflath mistet
In einem ganz gewöhnlichen Gedicht!
An der ästhetischen Karre nicht genug
Zieht ihr den schweren nationalen Güterzug.
Ihr, Lessing's Söhne!
          Wie ihr heftig werdet!
Wie ihr mich schmäht, wie haltlos euch geberdet!
Wie euch die Elle zittert, die mich mißt!
Und ihr seid reif, und ich bin — Sozialist ...
Nicht wahr, ihr thut mir künftig den Gefallen
Und kritisirt mich nur nach meiner Kraft!
Doch wenn ihr wollt, weis' ich euch meine Krallen,
Und, meine Herrn, nicht nur mit Leidenschaft.
Mit Kunst dann auch! Hilflosem Fühlen über
Mochtet ihr mausig Eure Federn spreiten —
Nun scheuch' ich Euch und schreite stolz vorüber
Und athme Zeit und trinke Ewigkeiten.

Frühlingsvorwitz.

Maiwarm lockt der Höhen Sonne,
Schwingen tragen mich empor;
Frühlingssonne! Frühlingswonne!
Strahlen singen mir im Ohr.

Frühlings Hauch und Küsse streifen
Schelmisch, wo das Bacheis schmolz,
Blaue Himmelsschärpen schweifen
Durch das grüne Nadelholz.

Märzveilchen.

Wie mundet mir die süße Speise,
Die deiner Liebe Schüssel füllt!
Den Nachtischkuß mit auf die Reise
Die Stufen spring' ich traumumhüllt.

Ich suchte nicht, da sollt' ich finden,
Mich überschäumt des Glückes Glanz,
Die Genien des Geschickes winden
Mir veilchenduft'gen Frühlingskranz.

Du hast mich heimlich liebgewonnen,
Tief in dein Herz wuchs ich hinein,
Nun darf ich deiner Liebe Bronnen
Ein sprudelfreud'ger Zecher sein.

Luftglocken ineinanderläuten,
So lockend glänzt die junge Flur,
Wir wollen Seligkeit erbeuten
Auf märzenfrischer Sonnenspur.

Zum Abschied.

Weißt du, was ich heut begehre,
Wo du achtzehn Jahr, Marie?
Daß des Schicksals dunkle Schwere
Nie dein Haupt versehre, nie!

Daß des Glückes Gondoliere
Dich geleite sanft und treu,
Daß auf sonnengold'nem Meere
Sich dein Blick des Lichtes freu'!

Lebenskühn bist du gesprungen
In mein räthselreiches Boot,
Hast um mich den Arm geschlungen:
Treue Liebe bis zum Tod!
Herzensglocken sind erklungen
Vom Großmünster der Natur,
Schwellend kam ihr Ton geschwungen
Ueber mich wie Weiheschwur.

Frisch durch meine Seele rauschen
Quellen, nimmermehr gespürt,
Lieb' um Liebe lern' ich tauschen,
Den die Selbstsucht frech verführt.
Tand und Thorheit aufzubauschen,
War mein lockres Lied gewöhnt,
Schamvoll muß ich Rhythmen lauschen.
Die mir nimmermehr getönt.

Und an deinen Busen sinken
Laff' ich mein vertändelt Haupt,
Liebe, tiefe Liebe trinken!
Ach mein Herz ist satt bestaubt.
Mich komödieneitel schminken
Mag ich nun nicht mehr, Marie,
Blank aus deinen Augen winken
Seh ich wahre Poesie.

Aus der ätherblauen Schale
Trieft des Lichtes warme Fluth,
Ueber Berg' und helle Thale
Quillt des Frühlings Veilchenblut.

Liebe langt zum Krönungsmahle,
Rosen regnet der Genuß —
Heute mit dem letzten Strahle
Niederflammt der Scheidekuß . . .

Auf Wiedersehn!

Sind ihre Stenglein auch trocken,
Ihre lieblichen Köpfchen geknickt,
Süß athmen die Maienglocken
Die mir mein Liebchen geschickt.
Sie duften wie frisches Lieben,
Im Wasser regt sich ihr Muth.
Und was mir die Holde geschrieben,
Haucht Wohlgerüche wie Veilchenfluth.

O Kind mit den nachtdunklen Haaren,
Mit dem feinen Blumengesicht!
O Kind mit den sternenklaren
Glanzäuglein, dich laß' ich nicht.
Ich habe die Geister gerufen,
Die Geister des Glücks und der Kraft,
Da scholl es von allen Stufen:
„Heil deiner läuternden Leidenschaft!"

„O tauche die Seele, tauche
Sie tief in den lachenden Quell!
O reinige dich von dem Rauche!
Es sprudelt und lockt so hell.
Dein Wille wird wachsen im Bunde
Der Fee, die weich dich erfrischt,
Und schließen wird sich die Wunde,
Die der Unrast brennendes Gift durchzischt."

„Wir müssen in tausend Weisen,
Ein unüberwindlicher Chor,
Deine köstliche Liebe preisen
Und mit Maien schmücken dein Thor.

Die Knospe der Menschheit entfaltet
Sich dir im bräutlichen Kuß,
Anmuthige Wahrheit waltet,
Und liebend umfängt dich dein Genius."

„O sieh! Ein Mai durch die Welt zieht,
Wie wir ihn nimmer geschaut.
Der Erde leuchtender Held zieht
Und freiet die erröthende Braut:
„„Gerechtigkeit!"" jubeln die Schwestern,
„„Schon ward sie vom Menschen erkannt;
Finsterniß schaltete gestern,
Heut dämmert ein heiteres Morgenland.""

Geliebte, nun laß dich grüßen
Ueber der Alpen Wall,
Wo die Edelweiße sprießen
Am zischenden Wasserfall!
Wo durch leise läutende Reigen
Die Wolkenbergbahn schnaubt,
Soll bald meinem Kuße sich neigen
Dein sehnsuchtumzittertes Elfenhaupt.

Lieder aus Lugano.

1.

Aus frischen Morgenwassern
Seh ich die Sonne trinken,
Schneeweiße Villen winken,
Fern steht ein Segel still.
Platanenschatten grüßen
Die Fluth zu meinen Füßen,
Mir ist, wie wenn ich sinken
In ihre kühlen Tiefen will.
Flaumige Wölkchen gleiten
Durch schimmernd blaue Weiten
Zu dunklem Ungewitterziel . . .
Meine Gedanken spielen

Auf gold'nen Sonnenfaiten
Ihr zukunftzitternd Harfenfpiel.

2.

Siechthumsäugig mit dem Plaid
Doktor Tod fpazieren geht,
Saugt die linden Sonnenlüfte,
Haucht die füßen Blumendüfte,
Die der Rofenhügel weht.
Vor'm Hotel die Hauskapelle
Jagt die fchnelle Tarantelle.
Hüftelnd hüpft aus rothem Boot
Müde lächelnd Fräulein Tod.

3.

Wir fitzen im Garten
Penfion bon air,
Wir mifchen die Karten,
Atout bleibt Coeur.

Wir fchlagen uns Wündchen
Mit Wort und Blick,
Wir fpielen ein Stündchen
Herzzukunftsmufik.

Mama zeigt den Zahn — o!
Doch wir fchwören im Gehn,
Ueber's Jahr in Lugano
Uns wiederzufehn.

4.

Reif im grünen Laubengange
Hangen Trauben voll und fchwer,
Ihre dunkelblaue Wange
Neigt die Frucht der Früchte her.

Gelbe Georginen brüten
Blatt um Blatt zum warmen Licht,
Rothe Garibaldiblüthen
Lodern mir in's Angeficht.

Statistik.

„Zahlen regieren die Welt. — Mindestens
zeigen sie, wie die Welt regiert wird.“
Goethe.

Scheu vom Nachtwind flackert der Lampe Schein,
Müde schwankt das rothe Löschblatt nieder.
Meiner Ziffern todte Taxusreih'n
Knicken wunderlich die kahlen Glieder;
Riesenmassen schütteln Fleisch und Bein,
Millionen Zahlen zuckend schrei'n:
Dichter, weckt dein warmes Blut uns wieder?

    Fühle, fühle deiner Zahlen Pein,
    Uns'rer Qualen hochgesummte Summen!
    Wühle, wühle sie zum Hirn hinein,
    Daß wir nimmer-nimmermehr verstummen.

Sieh die Linie, wie sie Zickzack steigt,
Hunger, Wahnsinn und Verbrechen zeigt!
Wandle sie, die dunklen Spuren!
Sei dem Geisterlumpentroß,
Dieben, Mördern, Luftlemuren,
Spießgesell und Mordgenoß!
Wo der Fleischtopf üppig dampft,
Reibt die „Tugend“ sich den Wanst,
Mägen, die der Hunger krampft,
Hält der Teufel schlau umschanzt.
Wie sie grinsen, meine Zahlen,
Nackt und spindeldürre hupfen,
Aus zerschoss'nen Idealen
Federn über Federn rupfen!
Sieh, nun reihen sich zwei Lager,
Hier die Guten, dort die Schlechten,
Meistens sind die „Sünder“ mager,
Fett sind meistens die „Gerechten.“
Habe nie den Gott ergründet,
Der von Schuld und Unschuld weiß,
Besser scheint mir schon verkündet:

„Gott ist der Getreidepreis."
Und in toll und tollerm Ritte
Ueberschlagen sich die Laster,
Wuchert Reichthum, welkt die Sitte,
Mordometer der Kataster.
Wie die Branntweinfluthen schwellen!
Wie die Brenner Bismarck grüßen!
Kahlgeschorene Gesellen
Müssen fahl im Zuchthaus büßen.
Kindesunschuld, wüst geschändet,
Wirbelt in der Hölle Strudel,
Bürgerbauch stolzirt verblendet,
Wie ein wohl dressirter Pudel.
Ach, der gute, der honette Rentner,
Unbescholten strahlt er weiß wie Schnee,   .
Trostlos schleppt der Strolch den Schicksalszentner,
Ehrlos frißt er in sich Wuth und Weh.
„Arbeit! Arbeit!" Seine Faust, sie zittert,
Klirrend schmettert sie durchs Ladenfenster.
Gott Gesellschaft hält ihn gut vergittert,
Gott Gesellschaft rettet die Gespenster.
Gott Gesellschaft, Gott Jehovah,
Sein Gebot dräut unerbittlich —
Lady Shocking auf dem Sopha
Gähnt gesetzlich, schämt sich sittlich.
Sittlich vornehm schlürft sie theuren Brändy,
Süß ins Mündchen quillt das feine Schläuchlein,
Suckelt hold ein Stückchen Zuckerkändy,
Legt sich schlummern auf ihr — shocking — Bäuchlein.

    Aber fern den Lustpalästen,
    Aus der Vorstadt finsterm Schoß,
    Wo die Ratten auf den Resten
    Schmutz'ger Noth die Luft verpesten,
    Ringt der Schrei der Scham sich los.

Wimmernd winden Millionen Zahlen
Schwer sich fort, ein Mammuthsungeheuer,

Plötzlich aus erlosch'nen Blicken strahlen
Der Erlösung Freiheitsfeuer.
Schwarz umrauscht es die Tribünen,
Gläubig lauscht's dem neuen Heil,
Das die herrlichen, die kühnen
Führer mit dem Rettungsbeil
Rosig durch die Nothnacht lichten —
Hell durch's Dickicht kracht der Keil,
Freude blüht den Gramgesichtern,
Die noch kauern scheu und schüchtern,
Wollen nimmermehr verzichten,
Leben leuchten Millionen Zahlen,
Glühend wallt's zu neuen Idealen.
Wie sie das Volksblatt vom Haken raffen!
Wie sie hohnlachend die Ziffern durchmessen!
„Zählt ihr den Ueberfluß, den wir schaffen,
Den sie aus Knochen und Mark uns pressen?
Zählt ihr des Geldpolypen Profite?
Zählt ihr den Eiweißgehalt unf'rer Nahrung?
Ist das Gerechtigkeit? Ist das Sitte?
Ist das die christliche Offenbarung?
Zählt ihr die Würmer, die täglich sterben,
Kläglich aus gotterbärmlicher Noth?
Zählt ihr die Frauen, die nächtlich verderben,
Preisgegeben ums liebe Brot?" — — — — —

Fee Statistik, die der Bonzen Muse
Mit dem keuschen Heuchelblick nicht nennt,
Milde Fee, versteinernde Meduse,
Dich verklärt, wer deine Kraft erkennt.
Schmerzstarr übergrau'n mich deine Züge,
Massenzahl verzehrten Menschenglücks —
Heil, Statistik, Heil! Du höhlst die Lüge,
Missest der Gerechtigkeit Gefüge,
Schön einst lenkst du Wogen des Geschicks.
Deiner Zahlarmeen Donnerzungen
Schmettern Wälle grauen Wahns zu Staub,

6

Um die Pfeiler, die dein Maß geschwungen,
Kränzt die Menschheit frisches Siegeslaub.
Götterlos, nach deinen Grundgesetzen,
Wie der Weltallsfreude Rhythmus schwillt!
Die Dreieinheitsrechnung fliegt in Fetzen,
Und des Denkers Sehnsucht wird gestillt ...
Zahlen, die das Ziel der Schönheit suchen,
Segnen laßt euch! — Laßt die Pinsel fluchen!

Kußtempelchen.

Der kleine Tempel wölbte rund
Sich zwischen Lindenästen,
Drin wir zu heller Mondesstund
Uns an die Lippen preßten.
Dein Aeuglein flimmerte voll Licht,
Süß schimmerte dein Angesicht,
Indeß mit Flammenküssen
Wir haben spielen müssen.

Der feine Busen wölbte rund
Sich zwischen Liebeshänden,
Als unf're Lippen sehnsuchtwund
Sich übten im Verschwenden.
Drei Monde darbten wir voll Noth
Nach unf'rer Liebe Zuckerbrot,
Indeß wir traurig pickten,
Was wir uns brieflich schickten.

Nun lagen wir zuzweit allein
Und kannten kein Versagen,
Wir zechten unsern Feuerwein
Mit wonnigem Behagen.
Der Mond zog Wolkentücher vor,
Die Linden warf der Wind empor,
Indeß in leisem Bogen
Zwei Fledermäuse flogen.

Weltsturm.

Die Kiefern fausen, hocheinsam ragt
Zu schwarzblauen Wolken die Föhre,
Ueber die Felder der Sturmwind jagt —
Welch' wiehernde Weltenchöre!

Er schnaubt und athmet Sphärenluft,
Seine Flügel schleudern und schwirren.
Des Schüttelhengstes Prärieenbrust
Kann Zügel, kann Gurt nicht umschirren.

Dicht über die keuchende Flanke geschmiegt,
Ergreif' ich die schweifende Mähne,
Um meine Wangen Weltwonne fliegt,
Fort leckt sie die rinnende Thräne.

In Memoriam L. L.

Ein Blumenantlitz hat noch nie gelogen,
Und sicherer blüht es mir ins Herz die Kunde,
Daß heilen wird der Menschheit tiefe Wunde,
Als euer wirres Antlitz wuthverzogen.
Prophetisch rauscht der Wald: „Die Welt wird frei!"

Lenau.

Mit weißem Blatte möchtest du verkleben
Die Stelle seines Buches, wo der Henckell
Zum Henker spricht: „Was sind mir Blut und Bomben?
Schneid' Köpfe du, ich will mir Garben schneiden,
Und Garben gelben Goldes sollen's sein!
Der Schlächterfreiheit Rothspohn riecht nach Fusel,
Und Schnaps, Gin, Brandy, Wutki spei' ich aus."
Mein grades Lied nennst du Verkrüppelung,
Nennst Mißklang meine klare Melodie,
Und schwächer, als ich bin, hätt' ich gegeben
Mein revolutionäres Selbst!
Zum Henker, Freund! Was fällt denn dir nur ein?
Doch find' ich's reizend, lieber Robert Reitzel,
Das reizt thatsächlich mich, mein schwaches Ich,

Das arme Kind, vor mir in Schutz zu nehmen,
Vor meiner Faust mein eigenes Gefühl,
Das du mit wahrer Wütherichmanier,
Buchbinder Rachegeil, weiß überkleben,
Mit Glanzpapier guillotiniren willst . . . .
Ersticken, würgen mit dem Lilienblatt —
Ich aber hätte rothes Löschpapier genommen.
Ich schwächer als ich selbst? Aus purer Angst
Vor meinem starken Ich zurückgekrochen
Und hinter'n Zaun der Feigheit mich gehockt
Vor meinem kühnen Kraftselbst vor der Hecke?
Mißtönend ich, die Bombe nicht zu segnen,
Das Blut nicht zu besingen, ich verkrüppelt?
Klebst du das zu, laff' ich es doppelt stehn,
Ich laff' es stehn, der Setzer soll es sperren!
Nie wird die Rache meine Liebe heißen,
Die roth durch Blut schwemmt ihre schwarze Mähne,
Ich will die Freiheit frei von Rache frein,
Will mordfleckfrei Gerechtigkeit erwerben.
So hör's, du Starker, was der Schwächling preist,
Was seiner Seele sanfte Saite zittert
Auf dem selbsteigenen Freiheitskaleuphon!
Der Mensch wird häßlich, wenn er Blut begehrt,
Seine Auge friert zu steppenstarrem Glanze,
Und jede weiche Regung rinnt in's Eis.
Der Mensch wird schön, wenn er der Rache Rohheit
In holde Hohheit der Gesittung wandelt
Und Freiheit edel zu behaupten weiß.
Ich traue nicht der Freiheit, die mich meuchelt,
Dem morschen Wahngebild, an das zu glauben
Die Stärke mir der Schwärmerei versagt.
Der Freiheit trau' ich, die von Thiergier frei
Vernünftigem Verlangen hingegeben
Die Barbarei mit Menschlichkeit entkräftet.
Weh jenem, der den Rausch der Rache träumt!
Irr fährt der Arm am Körper seines Geistes
Und Wunden haut er, wenn er helfen soll.

An ihm vorüber zieht die Menschheit traurig,
Ihr Edelmuth verschmäht sein schrecklich Lallen,
Das in den Graben taumelt der Verwesung.
Todt ist die Freiheit, die den Tod gebiert,
Todt ist die Freiheit, die die Knechtschaft metzelt,
Todt die Gerechtigkeit, die Hals bricht — todt!
Vom ersten Frühlingskusse schüttelt sich
Die zarte Freiheit, die, vom Haß genesen,
Brautjungfer Milde zum Geleit erlesen.

Hermann Conradi.

Kaum des Gymnasiums Grabesthor sich schloß,
Da wardst du mein, da ward ich dein Genoß.
Weil unser Herz in gleichem Wirbel pochte,
Weil unser Hirn in gleichem Feuer kochte,
Weil unsrer Lieder schäumend Blut verwandt,
Schnell reichten wir als Brüder uns die Hand.
In Briefen lösten wir der Seele Leiden,
In kühnen Zügen schriebst du Schwur auf Schwur,
Ein todestreuer Zeuge der Natur,
Scharf in das faule Fleisch der Schmach zu schneiden,
Der Zeit Gedärme gründlich auszuweiden,
Und Ecce homo flammte deine Spur.
Kampffreunde so, die nie sich leiblich sahn,
Ging Jeder vorwärts seine Zukunftsbahn.
Ging Jeder, seine Gaben zu gestalten
Und seinem Credo künftig Wort zu halten.
Mich trog ein Traum, der Liebeslieder sann,
Du setztest spitz den Seelenbohrer an
Und bist mit deinen fünfundzwanzig Jahren
Tief in die Stollen unsres Ich gefahren.
Als ich vernahm, du seist zu Grab getragen,
Glaubt' ich die Wetter hätten dich erschlagen,
Die Grubengase deinen Hauch erstickt,
Als du der Wahrheit Todesgold erblickt.

Leb wohl, Conradi! Hohn und Spott verschwirrt.
Du hast vollbracht, was nicht vergessen wird.
Dein leidschwer Leben, deiner Jugend Pein
Soll unserm Streben Sporn zur Sühne sein,
Und schmerztreu denkend früh gefall'ner Fechter
Befreien wir die keimenden Geschlechter.

Rose der Sehnsucht.
(An Maria.)

Es schläft der Park und brodelt Mittagsträume,
Die Schwäne ziehn, verstohl'ne Lüfte säuseln.
Feuchtglänzend schimmern die Magnolienbäume,
Indeß die Pappeln silberhoch sich kräuseln.

Mich lockt vom Beet die dunkelrothe Rose,
Die ihrer Schwestern hellen Kranz besiegt —
Und so bist du, wenn königlich das lose
Nachtschwarze Haar dir um die Schultern fliegt.

Müd hing mein Arm noch in der Ruhbank Rücken,
Jetzt hebt ein Wunsch ihn mit der Sehnsucht Schwingen:
Er will vom Beet die dunkle Rose pflücken
Und glühend, ach, dein schönes Haupt umschlingen.

Kunst-Proletarier.

Ob ich ein Dichter bin, ich weiß es nicht,
Kein Schwärmerrausch umnebelt meine Seele.
Was mich bewegt, quillt zitternd aus der Kehle,
Was mich durchläutert, läutert mein Gedicht.

Mir ist die Melodie der Leidenschaft,
Der Rhythmus ringender Natur verbunden,
In Lieder tauch' ich Wonnen gern und Wunden,
In Bilder hauch' ich warme Lebenskraft.

Der mich „Poet von Volkes Gnaden" heißt,
Was meinst du, Freund, mit dieses „Volkes Gnaden"?
Gewandelt bin ich auf der Dichtung Pfaden,
Als noch in Windeln lag mein Werdegeist.

Dem Unrecht hab' ich schon ins Ohr geklirrt,
Als mir dies „Volk" noch eine fremde Masse,
Drum hat mein Lied, mein eig'nes Lied, auch Rasse,
Drum spritzt mein Blut, wenn roh die Knute schwirrt.

Weil mein Gefühl sich blutend aufgebäumt,
Wo die Gewalt der Lüge gräßlich wüthet,
Weil ich das Feuer der Vernunft gehütet,
Wo Selbstsucht feig und schläfrig fortgeträumt:

Weil mich der Wahrheit Lust und Lieblichkeit
Gelockt, mit ihr durch Dick und Dünn zu brechen,
Zu kränzen sie, die Schwert und Dornen stechen,
Weil freie Menschheit nur mich selbst befreit:

Drum schritt ich lächelnd aus dem Todessaal,
Wo sich die Geister der Vergang'nen morden.
Und Proletarier aus eig'ner Wahl
Bin ich im Reich der deutschen Kunst geworden.

Ave Maria.

Schwarzschimmernd grüßt die Sommernacht,
In Strähnen fließt ihr dunkles Haar,
Schön blitzt der Sternenaugen Pracht,
Ihr Kronreif glitzert wunderbar.

Durch Schroffen rudert weltbeglückt
Der Dichter auf die wogende See.
„Ave Maria!" traumentrückt
Verklingt sein Lied zu zitterndem Weh . . .

Im Zwielicht.

Der Tag ist tief im Niedergang,
Zwieleuchtet die Tapete . . .
Wie fremd mir wird, wie erdenbang!
Aengstlich klagt des Windes Klang,
Wie wenn er Rettung flehte.

Die Frau vom grauen Oelbild schaut,
Als müßt sie mich verdammen.
Ihr sonnensterbend Auge thaut
Thränen, daß mir glüht und graut . . .
Zwerghaft zuck' ich zusammen.

Komm in den Wald, Marie!

Komm in den Wald, Marie!
Wir wandern durch die dunklen Föhren,
Du läßt dein helles Lachen hören.
Mir ist so traurig heut zu Muth,
Dein Lachen thut der Seele gut,
Wenn's munter schallt, Marie.

Setz dich ins Moos, Marie!
Des Lebens sonnigste Gestalt
Hält heut mich nebelfeucht umkrallt.
Gespenster streichen aus den Ecken,
Ich muß mich vor dem Spuk verstecken
In deinem Schooß, Marie!

Mach mir ein Nest, Marie!
Mußt wie ein Kind mich an dich schmiegen
Und meine Geisterfurcht besiegen.
Wenn zwei sich halten treu umfaßt,
Hat Eulenstrich den Ort verpaßt.
O halt mich fest, Marie!

Flirt.*)

Wie das flirrt und schwirrt und schmeichelt,
Lockend girrt, gefällig streichelt!
„Fräulein sprudeln von Geschmack,
Zwar, wem gnadenvoll wie Ihnen,
Göttin Schönheit selbst erschienen —"
„„Danke, Herr von Chapeau=Claque.""

„Diese Palmen, wahrhaft südlich!
Schneid'ge Nischen! Urgemüthlich!
Ganz pompöser Gartensaal!
Sauerherings Soiréen,
Fräulein mögen selbst gestehen,
Sind entschieden ideal."

Vorgebeugt auf sammtnem Sockel
Herr Assessor von Monockel
Wie ein Gockel nickt und kräht.
Seine schönbeschleiften Halbschuh,
Seine idealen Kalbschuh,
Sind von Siegesrausch gebläht.

„„Sagen Sie mir doch, Herr Doktor,
Dichten Sie? So'n schöngelockter
Dichter machte mir mal Spaß.
Ganz wie Schiller auf den Bildern,
O das wäre zum Verwildern! . . . .
Mögen Sie kein Ananas?""

Und die geniale Glatze
Faltet die feudale Fratze,
Während sie voll Wehmuth spricht:
„Gnäd'ges Fräulein, Verse machen
Ginge schon mit Ach und Krachen,
Aber Locken — das geht nicht."

*) Zu einem Bilde von St. Rejchan in der „Modernen Kunst."

Prinzeß Karneval.
(Eine Clair-Obscur-Skizze.)

Aus dem verblich'nen Trauerkleide,
Das ihrer Laune Wink erkor,
Dem Schmerzgewand von schwarzer Seide,
Weiß schoß ihr Täubchenkopf empor:
„Vorwärts! Allons zum Künstlerball!
Vorwärts, Prinzessin Karneval!
Kopf ab der Trauerweide!
Den Epheukranz aufs Haupt!
Das Diamantgeschmeide
Mit Silberwein umlaubt!"

Von Weh geworfen wieder sank sie
Im weichen Polsterstuhl zurück,
Den Schierlingskelch der Leiden trank sie,
Mit Wolluft ihr vergiftet Glück.
„O Alfred!" haucht ihr heißer Mund,
„Wenn Onkel mordet unsern Bund!
Mich wird der Wahnwitz fassen,
Gierig glotzt er mich an,
Kann dich ja nimmer lassen,
Du lieber Mann!"

Frostzitternd vor die Augenlider
Schloß sie die feine, schlaffe Hand,
Sah ihn doch immer, immer wieder
Wehmüthig lächeln unverwandt.
Aufblitzt der Glasveranda Licht.
Grad deklamirt sie sein Gedicht.
„Der Onkel!" Schnell geblättert!
„Energisch! Lernt mein Kind?
Adieu!" Die Thür geschmettert.
O, lernt „mein Kind" geschwind!

Von seiner Weisheit Fruchtgestäude
Wie pflückt' sie Beeren sonnensüß!

Sein Tadel zaubert fromme Freude,
Sein Lob ein leuchtend Paradies.
Seit Vaters Tode ging's ein Jahr,
Da strich er zärtlich durch ihr Haar.
Mit ihren losen Locken
Sein Siegelring vermählt —
Wie hat sie süß erschrocken
Den Finger freigeschält!

Will sich zum Tode gallopiren
Ihr armes Herz? Oktobermai!
Da zwischen Rosen und Spalieren . . .
Alfred! . . . der tolle Kuß! . . . Vorbei!
„Vorwärts! Allons zum Künstlerball!
Vorwärts, Prinzessin Karneval!
Nicht lange sperenziren!
In fünf Minuten Sechs.
Bah! soll doch engagiren
Mein Prinz die Schrupperhex!"

Schwer kippt' ihr Köpfchen auf die Lehne.
Des Mondstrahls arge Flimmerfee,
Wie wenn sie die Prinzeß verhöhne,
Tanzt grimassirend ihr Lancier.
Die Augen fest in Plüsch gestopft!
„Nein, nein, mag kommen, was . . . . Wer klopft?"
Zu dem sie Papa sagte,
Seit er der Mama Gram
Und Gold zu theilen wagte,
Onkel Kommerzrath kam.

„Na, Töchterlein? was soll das heißen?"
Er bimmelte sein Uhrberloque
Und schien erwartungsscharf zu beißen
In seinen feisten Mopsenstock.
„Um Sechs noch keine Anstalt — was —
Energisch! was — bedeutet das?

Punkt Sieben kommt mein Kutscher,
Bist du denn nicht bei — Geld?
Der Doktor Daumenlutscher
Behauptet noch das Feld? . . ."

Schlau wie der dumme August tüpfte
Er seinen Mops — tipps! — auf den Strahl,
Doch kichernd im Moment entschlüpfte
Der Stock zwei Finger breit . . . . . "Genial!
Lang auf die Chaiselongue jetzt
Hat sich die schwarze Gans gefletzt.
Willst du wohl aufsteh'n, Kläre!
Sonst reißt mir die Geduld.
Die läppische Misère
Hat blos der — Hund, der, schuld."

„Papa!!" — Das duckte sich im Schatten.
Ohrfeigen fegte dieser Ton.
Spitzkugeln weg! Er griff zur glatten
Wortbombe: „Kind, der Herr Baron
Von Schlotheim ist ein Kavalier,
Zu dem, du, gratuliere dir!
A la Switt. Moos unbändig.
Bei Hofe hochbeliebt.
Du bist doch auch verständig,
Daß das mit ihm nichts giebt."

„Laß mich allein, Papa! Ja? bitte?
Ich muß mich anziehn." — „Klärchen, schön.
Mama hat komisch jetzt Visite,
Ich muß noch eben baden geh'n . . . .
Schlotheim . . . . . Energische Partie!"
Der Mondniz grinste: „Hihihi!"
Und schwand. Matt knallend flammte
Das Ampelglas empor,
In erdbeerrothem Sammte
Blühte der Sessel Flor.

„Mary! — Wo bleibt nur Fräulein? — Mary!"
Sie träufelte mit matter Hand
Aus dem krystall'nen Fäßchen Sherry
Ein Gläschen süßen Rebenbrand.
„Jetzt, ja, die Jalousien zu!"
Sie schwankt ans Fenster. „Keine Ruh!
Ach, keine Ruh bei Tage
Und keine Ruh bei Nacht.
Nun ist auch mir die Klage
Schlummerlos aufgewacht."

„Ah! Schneeluft! Feuchtkalt um die Schläfe.
Sechs! Vesper. Männer, Kinder, Frau'n.
Ein Brautpaar! Ach, wenn so mich träfe ...!
So Arm zu Arm .... Armselig Grau'n!"
Roh rasselten die Holzrouleaur.
Sie rang die Hände hart im Schooß
Und jammerte. „Wie wehe
Die Angst mein Herz zersticht!
Wohin ich geh' und sehe,
Sein qualvoll Angesicht!

„Der Hund!" Sie schauderte zusammen.
Das bellte heulend ihr im Ohr.
„O Onkel Mops!" Wuththränen schwammen.
„Se — meiner M — op —!" Sie brannte, fror.
„Vorwärts, allons zum Künstlerball!
Vorwärts, Prinzessin Karneval!
Fix, Fräulein, meinen Flitter!
Das Bacchosszepter da?
Von Schlotheim ist mein Ritter,
Mein edler Ritter ja."

Sie hob sich vor den strengen Spiegel,
Diana halb, halb Rokkoko.
Sie sprühte sich aus duft'gem Tiegel
Die todten Wangen lebensfroh.

Durch ihrer Nerven zarten Baum
Die Säge fraß. Ein Spuk? Ein Traum?!:
Tief, tief ihr Haar von Aschen
Und grauem Müll bestaubt,
Vom Schmerz, dem blitzesraschen,
Verkohlt ihr junges Haupt!

Sie schwirrt den gold'nen Fichtenzapfen,
Den Thyrsusstab. Der Spiegel klirrt.
„Baron, dir füll' ich Fastnachtskrapfen,
Daß dein Hautgout sich wundern wird.
Der Kutscher knallt voll Ungeduld,
Alfred! Das sühnt der Hölle Huld.
Wohlan, Herr Graf von Schlotte!
Ein Tänzchen? Auf zum Thron!
Evoe! Zum Schaffotte,
Zur — Hochzeitsprozession!"

An den Prinzen Schönaich-Carolath.
(Nach seiner Reichstagsrede am 25. Januar 1890.)

Ein Prinz, ein Mann! Ein Freier unter Sklaven.
Im Horst der Adligen ein edler Aar.
O Carolath, die Herzenstöne trafen!
Ein echter Kerl in einer Höflingsschaar.

Ein Mann für sich. Wie duckte sich die Heerde!
Sie schämte sich, mit oder ohne Scham,
Mit oder ohne lächelnde Geberde,
Karmin und Kreide, wie die Farbe kam.

Verleg'ne Furcht im Gürtel der Genossen.
Im Feld der Gegner blitzte Beifall auf,
Und da und dort von selber losgeschossen
Nahm Zuruf keck den Zickzackfeuerlauf.

Verrauche, Zorn! Flieht, ihr Gedankenfehden!
Schnell eine Brücke, wo der Zwiespalt klafft!

Ein warmes Wort der Liebe will ich reden,
Die mir dein unabhängig Wort entrafft.

Indeß die Berge donnern erdgewitternd,
Und riesig aufwärts steigt der Menschheit Fuß,
Erhasche holden Fluges, freudezitternd,
Dich eines deutschen Dichters Herzensgruß!

Diabulit.

Mit zornig zischendem Gebraus
Jäh schnob's den hohen Bahndamm her,
Der Schlot warf Wolken weit heraus,
In dunkle Nacht ein dämmernd Meer.
Wildschäumend schleuderte der Zug
Zurück den Qualm, zurück die Qual,
Die Lasten, die er vorwärts trug,
Erschütterten das stille Thal.

Auf einmal athmet der Koloß
Mit siegesstolzer Sicherheit,
Erhaben saust das Riesenroß,
Vom Ueberschuß der Kraft befreit.
Fern glüht der grünen Augen Brand;
Durch finst'rer Tunnel Rauch und Ruß
Führt nach der Schönheit Sonnenland
Den Zug der Zeit sein Genius.

Zur Weihnachtsfeier
deutscher Sozialisten in Zürich 1889.

Vivat König Tannenbaum,
Heinerich der Grüne!
Mit dem gold'nen Krönungssaum,
Flatterprunk und Flitterschaum,
Vivat König Tannenbaum
Auf der bunten Bühne!

Deinem holden Szepter neigen
Alle sich in Rund und Reigen.
Freude leuchtet deine Krone,
Frühestes Erinnern sprüht,
Huldfroh kniet vor deinem Throne
Jedes kindliche Gemüth.
Die das Leben schwer belastet,
Werft das Bündel ab und rastet!
Träumt nun eine schöne Nacht,
Ledig vom Getriebe,
Seele voller Sonnenpracht,
Träumt den Traum der Liebe!
Hört ihr leis die Stimme hallen
Dessen, der für uns gefallen?
Der den Armen angezündet
Jenes Licht, das Liebe kündet,
Auf dem ew'gen Tannenbaum,
Der den Bettlern sich verbündet,
Der geträumt den tiefsten Traum?
Aber das Irdische wärmer umschlungen
Kehret, o kehret der Schönheit euch zu!
Lobet die Zukunft mit feurigen Zungen,
Feiert den Kampf und verkläret die Ruh!
Hoffnung hebt euch dem Glücke entgegen,
Küßt nun im Fluge schon, küßt sein Gewand!
Weich an die Brust euch wird es sich legen
In dem befreiten Heimatland.

Albumblatt.

Der Lampe Rosenschirm streut Schattenblumen
Und zarte Dämmerfächer an die Wand,
Die Zigaretten glühn, und süße Krumen
Schiebst du mir freundlich zu mit Kennerhand.

Ein Tröpfchen Malaga. Dem schneeigen Vließe
Schmieg' ich mein Haupt im Sessel weichgelehnt.

Du plauderst hold, und träumerisch genieße
Ich deine Huld, die sich zu widmen sehnt.

Und plötzlich aus dem schwarzen Tagebuche
Trägst du mir vor, was ungeahnt mich grüßt,
Verworren Staunen faßt mich, und ich suche
Die Schuld zu büßen, die der Irrwahn büßt.

Die Worte du? Dem Wunder darf ich trauen?
Der strengen Dichtung diese weiche Gluth?
Dem neuen Geist, in Sprachgranit gehauen,
Der Urbegeist'rung bräutlich Opferblut?

Die Worte du? Der Menschheit Glockenstürmen
Von deinem Weihdom dieser Wiederklang?
Die Pfeiler, drauf sich Zukunftskuppeln thürmen,
Von dir umrankt mit solchem Seelendrang?

O Sphärenklang! Weltwirbelndes Entzücken!
Wie glorreich sprüht in deinem Thau mein Licht!
Auf meiner Rhythmen kühnem Bogenrücken
Wie wandelt fromm dein Fuß, ein süß Gewicht!

Rinn, Labsal, rinn mit köstlichem Erröthen!
Berausche, Lob, mich wie der Balsamduft
Der Rosadämmrung! Ruhmesroller flöten.
Besinnung, schwanke, schwank zur Taumelgruft! . . .

———

Winter.

Das ist der bleiche Winter:
Eiszapfen in der Hand
Am Wolkenwebstuhl spinnt er
Elend und Liebestand.

Sein Athem überschauert
Mit Frostkristall das Land,
In Feuersnöthen kauert
Armuth am Herdesrand.

„Wie fein es diesmal dauert!"
Eislust ist loh entbrannt.
Venus im Kaschmir lauert
Auf ihren Lieutenant.

Das ist der bleiche Winter:
Eiszapfen in der Hand
Am Wolkenwebstuhl spinnt er
Elend und Liebestand.

Im Grase.

Drunten im Grase da lieg' ich versteckt —
Ob mich mein lustiges Liebchen entdeckt?

Ueber Kopf mir schaukeln die Farren,
Meine Augen in's Blaue starren.

Rosa Wölkchen fragen still,
Ob die Seele wandern will.

Wandern weit und sich entfernen
Zu den Sphären, zu den Sternen?

In des Weltalls Nebelraum?
Flatt're, flatt're, ferner Flaum!

Liebchen knistert schon im Busch,
Springt und duckt sich, husch, husch, husch!

Warmer Kuß und süße Beeren —
Was mich da die Welten scheeren?

Ein Bündel Erika für Liliencron.
(Begleitschreiben.)

Ein volles, frisches Bündel Erika
Dir, Haideprinz der Poesie, hurrah!
Die rothe Haide deiner Heimatweiten,
Die süße Weide deiner Einsamkeiten
Soll Wonne dir und Sehnsuchtsduft bereiten.
Du Honigbiene deutscher Dichtung du!

Im Schweizeraargau haben wir gepflückt,
Was eines Niedersachsen Herz entzückt.
Frischroth, jungblühend hat's uns angelacht,
Wir haben gleich dabei an dich gedacht
Und selig ausgerauft mit beiden Händen,
Was wir dem Liliencron nach München senden.
Ein Büschel Dank für soviel Hochgenuß,
Süßsaftig wie der Liebe Sommerkuß,
Wenn wir im Tannenwalde tiefverschwiegen
Naturberauscht uns in den Armen liegen.
O köstlich, köstlich schmeckt dein Dichtertrank,
Dich schlürfe, wem das Herz im Leibe krank!
Weß Seele vom Gespenst der Zeit geschunden,
Wem seine Schwinge tropft von Blut und Wunden,
Er schlürfe dich, zum Leben zu gesunden.
Dein Vers ist Saft und Fülle der Natur,
Schmuck blüht dein Lied wie rothe Haideflur.
Ein sich'rer Spürhund dichterischen Wildes
Folgst du der Fährte kecken Lebensbildes,
Und was du packst zu Prosen und Kantaten,
Giebt deutscher Dichtung Sonn= und Festtagsbraten.
Mein Lieb und ich, von wildem Wein umquollen,
Den Dank der Schmauser müssen wir dir zollen,
Dir, Haideprinz der Poesie, hurrah,
Dies volle, frische Bündel Erika!

Mörser Ewigkeit.

Es ist ein großer Mörser,
Drin stoß' ich klein mein Leid,
In alle Winde schütt' ich es,
Die wirbeln's weltenweit.

Wie trommelt dumpf mein Mörser,
Wenn meine Seele schreit!
Mein Wehe wird zerrieben
Im Mörser Ewigkeit.

Zur Erinnerung.

(An Robert Lieber, Boston, † 1890.)

Freude hilfst du gern bereiten,
Und wir loben Hand in Hand
Deine Seele, die den weiten
Weg ins Land der Liebe fand.

Morgen schneidet uns der Schnitter
Tod, wir blühen kurze Frist.
Wohl dir, Freund, daß du ein Ritter
Und kein Knecht des Lebens bist!

Sammtrose.

Sammtrose, die sie zärtlich mir gesandt,
Sammtrose, selbst gepflückt von ihrer Hand.
Ein schwerer Duft, ein dunkeltiefes Roth
Wie ihre Wange, wenn sie leidenschaftlich loht.

Sammtrose, deinen Hauch einathm' ich lang.
Aus deinem Kelche quillt ein süßer Klang.
Liebend ein Silberstimmchen gaukelt empor,
Sammtrose, lauschend, lauschend leg' ich dich ans Ohr.

Sammtrose, die berührt ihr feiner Mund,
Nun will auch ich dich küssen wonnewund.
Schon ist an meine Lippen mir gesunken
Ein sehnend Sammtblatt deines Kelches traumestrunken.

Glühlichtkrone.

(Meinem lieben Leopold Jacoby.)

Mild füllt der Kranz aus blauen Höh'n
Die Galerie mit Licht.
So glüht sein Geist mir rein und schön
Und flieht und flackert nicht.

Die zarte Strahlenkrone neigt
Sich auf sein ruhig Haupt,
Indeß um mich der Sturmbrand steigt
Und qualmend mich bestaubt.

Gern schimmerte so silberklar
Auch ich, ein stiller Held,
Aus blauen Höhen wunderbar
In diese laute Welt.

Dann tauchte manches Auge müd
In meine sanfte Fluth
Und lauschte leisem Siegeslied
Und badete sich Muth.

Mensch!

Schiffen wirst du gut und landen
In des Ruhmes Hafenstadt,
Hast du siebzehnmal gestanden
Im Berliner Tageblatt.
Aber wirfst du von den Firnen
In die Welt ein leuchtend Lied,
Mensch, du willst dem Deutschen zürnen,
Wenn er dich nicht hört und sieht?

Widmung.

(An Karl Schulenburg, Detroit, N.-A.)

Leis zittern herüber die Stunden
Am strombespülten Altan,
Als unser Blick sich verbunden,
Als uns're Seelen sich sah'n.
Der Alte Du mit dem Blicke
So ruhig leuchtend und jung,
Der Junge seine Geschicke
Vertrauend Sprung auf Sprung.

Du haft dein Glück erworben
Mit schaffendem Mannesarm,
Dein Feuer ift nicht verdorben,
Dein Herz schlägt frühlingswarm.
Du haft meinen Herzschlag empfunden,
Empfunden Wollen und Wahn . . .
Herüber zittern die Stunden,
Leis gleitet der Sehnsucht Kahn.

———

Juninacht in Mailand.
(Giardino publico.)

I.

Sieh, wie mild in Weihers Mitten
Zaubrisch sich die Nacht erhellt!
Ift ein Stern hinabgeglitten
Aus der blauen Aetherwelt?
Magisch zittert zartes Leuchten
Auf dem Teich, dem silberfeuchten,
Maienlichtgrün
Blinkt der Bäume Blätterzelt.
Liebchen, ach, du einfam ferne!
Staunend zu dem reinen Sterne
Zöge deiner Augen Pracht,
Schwebteft du mit mir im Tanze,
Badeteft im Feeenglanze
Diefer weichen Sommernacht.
Durch die Grotten im Geheimen,
Nur vom ftummen Schwan belauscht,
Wandelnd in verweg'nen Träumen,
Wonnig Kuß um Kuß getauscht!
Wo die Menschen schwärmend wimmeln,
Motten um die Nachtmufik,
Laufchten wir aus allen Himmeln,
Laufchten unferm Liebesglück . . . .
Liebchen, ach, du einfam ferne!

II.

Jauchzen würde dein Elfenmund,
In die Händchen würdest du klatschen:
„Herrlich, herrlich, feurig Geliebter!"
Ich aber würde von deinem Lachen
Völlig an Leib und Seele gesund.

III.

Vom Glühlichtglanze noch trunken,
Des Springbrunns Rauschen im Ohr,
Vor Augen die schäumenden Funken,
Find' ich den Pförtner am Thor.

Heut blieb der Alte sitzen
Spät auf der Steinbank und wacht,
Er sieht die Sterne blitzen
Der blühenden Juninacht.

Ein Brief von dir noch heute,
Noch mit dem letzten Gang!
Ich höre Feeengeläute
Und Zauberglockenklang.

O köstliche Plaudereien!
Süßliebliches Tirili
Sind deine Melodeien,
Waldvögleinmuntre Marie.

Auf rosendurchringelten Rädchen
Mit Silbertriumphgeklirr,
Schwarzhaarumwirbeltes Mädchen,
Sauft deiner Rede Geschwirr.

Die schimmernden Rößlein springen
Und wiehern hell mir zu,
Die Schellen lachen und klingen:
„Geliebter, wie lieb bist du!"

Zum Trutz den traurigen Basen
Schlägst du mir anmuthreich
Auf schwellendem Jugendrasen
Ein Purzelbäumchen gleich.

Du knackst mir die vollsten Nüsse,
Eichhörnchen lecker und los,
Du schickst mir die tollsten Küsse
Zum Uebernachtgekos. —

Deiner Haare schwarzglänzende Strähne
Ueberschulter schleuderst du jetzt,
Eine tiefe Mitleidsthräne
Deine glühende Wange netzt.

Ueber der Seele Spiegel
Wandelt die Wolke Leid,
Mit zuckendem Geisterflügel
Rührt dich Allmenschlichkeit.

„Ein Brautpanier wollen wir schwingen"
— Aufflammst du, — das purpurn rauscht,
Lieder der Liebe singen,
Daß schluchzend die Menschheit lauscht!"

Robert Koch.

Ein nichtig Elend warf mich feig umher
Aus Lärm beiseit, aus Einsamkeit zum Trubel.
Mein Herz war herzlos, mein Gefühl war leer.
Novemberdunst kroch naßkalt durch die Stadt,
Warm schimmert ein Café. Gedankenmatt
Schlürft' ich den Milchschaum, zog ein Zeitungsblatt
Und las.
          Da schlug ein Leuchten wogengleich
Durch meines Geistes trübes Schattenreich,
Und meine Seele schäumt' empor voll Jubel.

Das neue Glück, mit Gier hab' ich's genossen:
Des Siechenheiles gold'ner Blüthenstrahl
Dem Saatgefild der Forscherkunst entsprossen,
Erlöst, erlöst der Mensch von Schwindsuchtsqual.

Nun werden jene blut'gen Rosen
Auf bleichen Wangen nicht mehr blüh'n
Und furchtbar frühen Todesloosen
Als grause Botenfackeln glüh'n.
Der Schwindsucht Schlange wohlvergittert
Schmilzt nun im eig'nen Todessaft,
Ein Freudenschrei der Menschheit zittert
Zum Weltaltar der Wissenschaft ...
Doch du, der still mit Heldeneifer,
Vom Feuer des Problems erfaßt,
Die süße Wohlthat reif und reifer
Gesucht und nun gefunden hast,
Der du das Maß des Jammers minderst,
In Schmerzenshöhlen Heilung trägst,
Hilfreich ein trostlos Elend linderst
Und kühn ans Thor der Zukunft schlägst:
Arzt=Triumphator, ekler Riesen
Zermalmer, die das Volk bedräut,
Gesegnet sei und hochgepriesen
Mit Fackelpomp und Festgeläut!
Die Feuer der Verehrung flammen:
Hoch schwoll und frech der Leiden Fluth,
Da fegt ihr fluchend Heer zusammen
Der Menschheit Ueberwindermuth.

Leise Klage.

Tief blutroth sinkt das Weinlaub hin,
Lichtnelken nicken scheidend,
Der Sommer zittert durch den Sinn,
Die Seele fühlt sich leidend.

Wenn sich die Seele leidend fühlt,
So mag sie leise klagen.
Der Sturm, der in die Wurzeln wühlt,
Soll er die Krone schlagen?

Durch Kron' und Wipfel schleicht es matt
Wie tief zu Tod entmuthet.
So müde bin ich wie das Blatt,
Das dort zu Boden blutet.

Mein Ziel.

Ein schönes Ziel hab ich mir auserkoren,
Ihm bleibt mein letzter Hauch von Kraft geweiht.
Es harrt das Volk und lauscht mit durst'gen Ohren
Auf Lieder, drin die neue Frucht gedeiht.
Ein Spielmann sein will ich an jenen Thoren,
Die donnernd schleudern ihre Flügel weit,
Das Land der Sehnsucht aufzuthun den Augen,
Die sich der Sonne fromm entgegensaugen.

O meine Brüder, durch des Wahnsinns Wüsten
Bin ich gewandert mit versengtem Haupt,
Wo die Gerippe der Verzweiflung grüßten
Den Gruß des Grausens, wo der Pestwind schnaubt.
Wo trostlos schleppend meine Schritte büßten
Dies Qualjahrhundert, tief mit Schmach bestaubt,
Wo Blutvergifter fäulnißsatt mich stachen,
Bis meine Glieder zuckend niederbrachen.·

Vorwärts empor! Und kann ich hoch mich richten,
Genossen meines Elends, euch allein
Soll all mein Fühlen, Wollen, Denken, Dichten,
Mein letztes Können froh verschüttet sein.
Was durch die Seele schwillt von freudelichten
Gebilden aus der Zukunft Blüthenhain,
Was mild mein Wehe lindert, soll zu Liedern
Verklärten Trostes schluchzend sich befiedern.

Denn in der Tiefe zündet meine Flamme,
Die purpurrothe Flamme weitumher.
Ich bin ein Reis am neuen Menschheitsstamme,
Ein Wellenschlag im neuen Menschheitsmeer.
Die Zukunft wälzt auf blut'gem Wogenkamme
Des Elends Schreckensschlange todesschwer,
Viel Jubel hör' ich aus dem Jammer tauchen,
Ich weiß ein Ziel, deß Gluth soll mich verbrauchen.

Wandlungen.

Von Tag zu Tage quillt ein warm Verlangen
Und steigt empor mir nächtlich sehnsuchtsvoll,
Ein edles Weib will, ach, mein Arm umfangen,
Dem meine Seele sich verschwistern soll.

Du bist es nicht, der wahnfroh ich gewunden
Frischzarten Strauß, der duftverschleiert blüht,
Von holder Krankheit spür' ich gern gesunden
Mein langgeknechtet leidendes Gemüth.

Spott schlug ich auf, als rudernd ich enttauchte
Dem Taumeltrichter, der mich tief bethört,
Die Lippe, die so süße Seufzer hauchte,
Hat ihren Schmerz mit bitt'rem Hohn zerstört.

Kein Hohn, kein Spott! Mit durstigem Begehren
Reckt sich mein Leben zu der Liebe Kuß.
Der Liebe Hand, wie sollte sie versehren
Den Lichtaltar, an dem ich opfern muß?

Ein Frauenauge seelenmild und weise,
Ein schöner Busen mit dem schönern Sinn,
Ein Schritt und Tritt auf liedumrauschter Reise
Wird mich beglücken, wenn ich trostlos bin.

Geleitwort.

(Einer modernen Zeitschrift.)

Wenn wir nicht wollten Neues künden,
Wir würden keine Zeitschrift gründen.
Ach Gott, das sagen sie doch Alle,
Das ist die ewige Litanei,
Wer aber geht noch in die Falle?
Es ist und bleibt der alte Brei.
Natürlich niegeschaute Sterne
Sind wieder frischlings aufgetaucht!
Der Phrasenmantel der Moderne
Scheint nachgerade abgebraucht.
Wer mag denn den Tumult noch hören?
Der neue Ton, die neue Kunst!
Soll Einer auf Phantome schwören,
Denn in der Regel ist es Dunst.
Das wahrhaft Große sammelt leise
Sein Bündel Frucht vom Feld der Zeit,
Die flegelhafte Ausdrucksweise
Schreit machtlos nach Unsterblichkeit.
Ist wirklich ein Genie geboren,
Preist sich nicht an von früh bis spat.
Paßt auf! Es schmiegt sich in die Ohren
Und überwindet durch die That.
Die Prahlerei nur langweilt schändlich,
Skandal macht Alles unverständlich.
Das Beste geht der Welt zu Grunde,
Bellt sich's hinaus wie Karrenhunde.
Ist Wahrheit denn fuchsteufelswild?
Das Unerhörte hold zu sagen,
Wird nur der kühnste Künstler wagen,
Die feinste Kunst blüht formenmild.
Ja, brächen Welten fahl zusammen
Und stürmten Sonnen roth empor,
Aus Chaossturm und Weltenflammen
Ertöne rein der Lieder Chor!

Das lallt der Säugling, und das weiß ich,
Das leugnet nur der Stumpffinn fort:
Seit achtzehnhundertzweiunddreißig
Sind wir bedenklich abgedorrt.
Ja, lange schon vor Faustens Tode
Ward Gretchen Dichtkunst recht marode,
Der heil'ge Lebenspuls entschlief;
Der Wind war faul, der Sand war tief.
Zwar schossen Palmen aus der Wüste
Zuweilen fruchtbedeckt empor,
Ein Bimini, ein Uhland grüßte,
Manch Eiland blinkt' im Blüthenflor.
Ach, aber auf der Riesen Achseln
Hat sich ein Zwerggeschlecht gesonnt,
Das war ein Krabbeln, Klettern, Kraxeln,
Hätt' gerne Jeder was gekonnt.
Das Können aber — schwere Noth! —
Das süße Können das war todt.
Der Ideale Frist verstrichen,
Die nur die Trägheit weiterblies,
Der Stern der Ichgewalt erblichen,
Ein Plagiat das Paradies.
In tausend ausgefahr'nen Gleisen
Bewegten sich die glatten Weisen
Des nachgebor'nen Dichterzugs.
Man schmierte brav mit klass'schem Oele,
Apollo kroch in seine Höhle,
Wo er in Wildniß weiterwuchs.

Und aus der Wildniß ist gekommen
Jüngst Seine Höhlenmajestät,
Die Keule hat er hergenommen,
Die Knirpse hat er hingemäht.
In wunderliche Buben flammte
Des Gottes ungestüme Wuth,
Weil sich die Mannheit, die verschlammte,
Auf Ahnenpolstern ausgeruht.

Ihr wißt noch, wie der Strauß begonnen,
Ihr wißt noch, wie das Feld geraucht.
Der Unrath flog in vollen Tonnen
Auf Knaben, die ein Lied gehaucht.
Denn, ach, die grauen Sünder
Die zitterten nicht schlecht,
Verleumdungstausendpfünder
Verklärten das Gefecht.
Die auf der Lüge thronten,
Die lohnten Lieb mit Leid,
War Keiner, den sie schonten
Mit Niederträchtigkeit.
Was haben sie gezittert?
Was haben sie gespien?
Sie haben Mord gewittert
In unsern Melodien.
Tief in dem Kern der Reime
Die wir gesät ins Land,
Erspähten sie die Keime
Verderben ihrem Tand.

O wären wir ihr Verderben,
O wären wir Rächer der Schmach,
Wie selig wollten wir sterben,
Wenn unsre Feder einst brach!
Wenn einst das Haupt uns zu Boden
Im andern Jahrhundert sich beugt,
Wie herrlich, wenn unser Roden
Die blühende Menschheit bezeugt!
Wir sind die Scheide der Welten,
Wir sind die Wende der Noth,
Schwarzpurpurn ob unsern Zelten
Sturmbannert Leben und Tod.
Der Tod das ist das Versinken
In ekler Wirbel Getos,
Das Leben das ist das Trinken
Aus schimmernder Ströme Schooß.

Wie schleudern die Wirbel uns gräßlich!
Besinnung und Sehkraft zerschellt.
Der Irrsinn treibt unermeßlich
Sein Spiel mit der keuchenden Welt.
Doch aus unterirdischen Gründen
Fährt mit Getöse die Schuld,
Prärienbrand zu entzünden
Den Schuldigern wahnumlullt.
Es rennt die schleichende Schlange
Der knisternden Gluth ohne Ruh
Mit unbezwinglichem Zwange
Dem neuen Ozean zu.
O Weltmeer, winkendes Weltmeer
Der hochaufrauschenden Luft,
Wo keine Verzweiflung gellt mehr
Besudelter Menschenbrust!
Wo kein verruchtes Betrügen
Die heiligste Einheit zerstört,
Wo dem Schönheitsschwung sich zu fügen,
Kein Ichling plump sich empört . . . . . .

So flamme, moderne Dichtung,
In Nacht und Nebel hinaus,
Sei Hochwacht, Warner und Richtung,
Sturmleuchte im brandenden Braus!
Durch Dampfen und Zischen und Stöhnen
Hell triumphire dein Spiel,
Sing, sing erschütternd dem schönen,
Dem menschenerlösenden Ziel!

Zukunftsblüthe.

Ich weiß eine purpurne Blüthe,
Die auf Wellen der Zukunft sich wiegt,
Das ist die reinmenschliche Güte,
Die Jammer und Elend besiegt.

Aus köstlichen Kelchen flimmern
Die Fäden der weltlichen Lust,
Die frischen Blätter schimmern
Auf silberner Fluthenbrust.

Schaummöven der Freiheit schwingen
Und kreisen glanzerhellt,
Fern in der Tiefe verklingen
Die Klagen der sinkenden Welt.